CE2

MATHS super SIMPLES

Je manipule, je m'entraîne, je réussis

Laurence Pineau
Conseillère Pédagogique de Circonscription (CP

Auteurs de la version originale :
Danielle Louzoun, Xavier Amouyal, Jacques Brun, Alfred Errera

bordas
éditeur

Pour manipuler,

Des leçons sur deux jours

JOUR 1

Activité de découverte clé en main dans le Guide pédagogique 35 à 45 min

JOUR 2

Entraînement individuel sur le fichier 30 min en moyenne

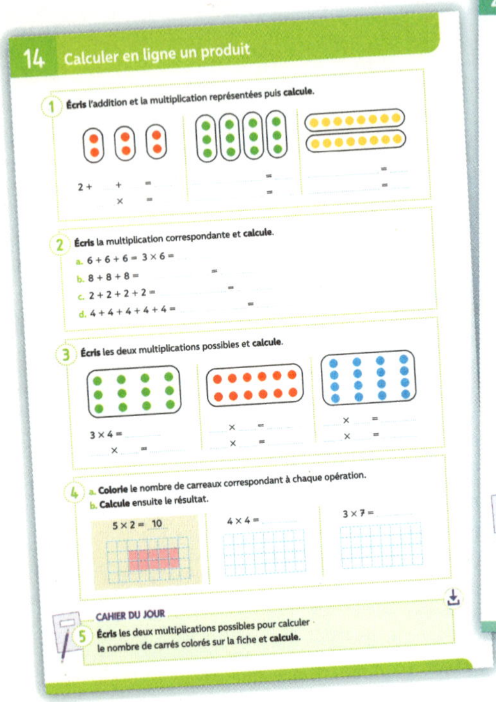

14 Calculer en ligne un produit

1 Écris l'addition et la multiplication représentées puis calcule.

2 + … + … = …

… × … = …

2 Écris la multiplication correspondante et calcule.

a. 6 + 6 + 6 = 3 × 6 = …

b. 8 + 8 + 8 = …

c. 2 + 2 + 2 + 2 = …

d. 4 + 4 + 4 + 4 + 4 + 4 = …

3 Écris les deux multiplications possibles et calcule.

3 × 4 = …

… × … = …

4 a. Colorie le nombre de carreaux correspondant à chaque opération.
b. Calcule ensuite le résultat.

5 × 2 = 10 4 × 4 = … 3 × 7 = …

CAHIER DU JOUR

5 Écris les deux multiplications possibles pour calculer le nombre de carrés colorés sur la fiche et calcule.

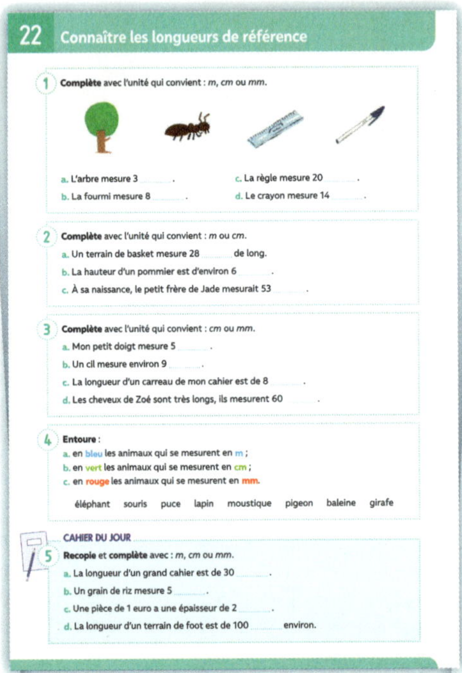

22 Connaître les longueurs de référence

1 Complète avec l'unité qui convient : *m*, *cm* ou *mm*.

a. L'arbre mesure 3 ……… .

b. La fourmi mesure 8 ……… .

c. La règle mesure 20 ……… .

d. Le crayon mesure 14 ……… .

2 Complète avec l'unité qui convient : *m* ou *cm*.

a. Un terrain de basket mesure 28 ……… de long.

b. La hauteur d'un pommier est d'environ 6 ……… .

c. À sa naissance, le petit frère de Jade mesurait 53 ……… .

3 Complète avec l'unité qui convient : *cm* ou *mm*.

a. Mon petit doigt mesure 5 ……… .

b. Un cil mesure environ 9 ……… .

c. La longueur d'un carreau de mon cahier est de 8 ……… .

d. Les cheveux de Zoé sont très longs, ils mesurent 60 ……… .

4 Entoure :

a. en bleu les animaux qui se mesurent en m ;

b. en vert les animaux qui se mesurent en cm ;

c. en rouge les animaux qui se mesurent en mm.

éléphant souris puce lapin moustique pigeon baleine girafe

CAHIER DU JOUR

5 Recopie et complète avec : *m*, *cm* ou *mm*.

a. La longueur d'un grand cahier est de 30 ……… .

b. Un grain de riz mesure 5 ……… .

c. Une pièce de 1 euro a une épaisseur de 2 ……… .

d. La longueur d'un terrain de foot est de 100 ……… environ.

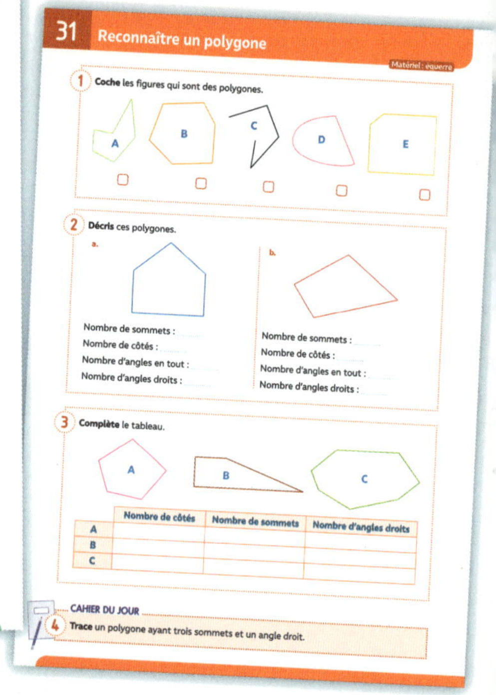

31 Reconnaître un polygone

Matériel : équerre

1 Coche les figures qui sont des polygones.

A B C D E

2 Décris ces polygones.

a. Nombre de sommets : … Nombre de côtés : … Nombre d'angles en tout : … Nombre d'angles droits : …

b. Nombre de sommets : … Nombre de côtés : … Nombre d'angles en tout : … Nombre d'angles droits : …

3 Complète le tableau.

	Nombre de côtés	Nombre de sommets	Nombre d'angles droits
A			
B			
C			

CAHIER DU JOUR

4 Trace un polygone ayant trois sommets et un angle droit.

- Des **exercices simples**, réalisables par tous les élèves, pour s'entraîner sur **toutes les notions du programme**.
- **La bonne quantité d'exercices** pour prendre le temps de comprendre les notions et pouvoir bien les mémoriser.
- Des pages entièrement dédiées à l'élève, sans perturbateurs, **pour faciliter la concentration**.
- Chaque séance d'entraînement se termine par un exercice à réaliser dans le cahier du jour pour **s'entraîner à bien écrire et à bien présenter les mathématiques**.

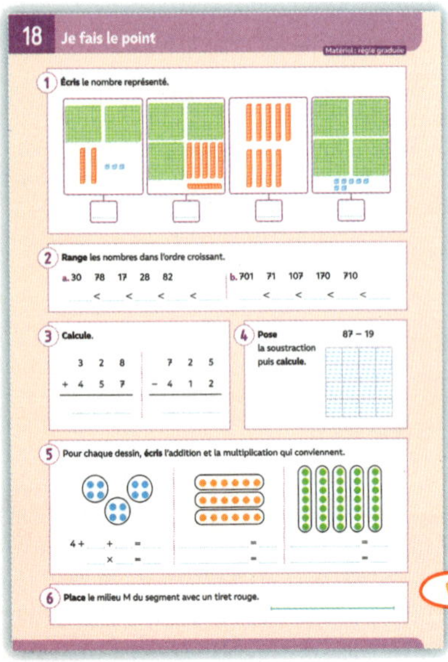

18 Je fais le point

Matériel : règle graduée

1 Écris le nombre représenté.

2 Range les nombres dans l'ordre croissant.

a. 30 78 17 28 82

b. 701 71 107 170 710

3 Calcule.

3 2 8 + 4 5 7

7 2 5 − 4 1 2

4 Pose la soustraction puis calcule. 87 − 19

5 Pour chaque dessin, écris l'addition et la multiplication qui conviennent.

4 + … + … = …

… × … = …

6 Place le milieu M du segment avec un tiret rouge.

- Une **page de révision** à la fin de chaque période propose des exercices supplémentaires.

s'entraîner et réussir !

Le calcul mental quotidien

Proposé dans le **Guide pédagogique**, le calcul mental est ritualisé tous les jours, avec un objectif et une activité pour chaque jour

CALCUL MENTAL JOUR 1
10 min
29. Compléter à 100 à partir d'un nombre multiple de 5.
➥ *p. 27*

CALCUL MENTAL JOUR 2
10 min
30. Dictée de nombres entre 1 000 et 9 999.
➥ *p. 27*

La résolution de problèmes

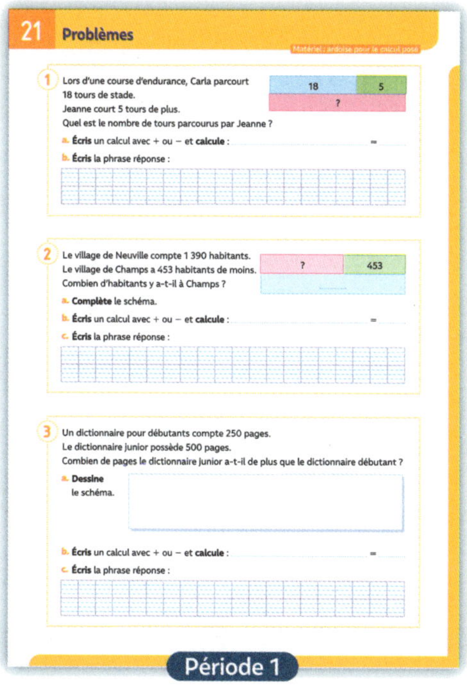
21 Problèmes

Matériel : ardoise pour le calcul posé

1 Lors d'une course d'endurance, Carla parcourt 18 tours de stade.
Jeanne court 5 tours de plus.
Quel est le nombre de tours parcourus par Jeanne ?

a. **Écris** un calcul avec + ou − et **calcule** : .... = ...
b. **Écris** la phrase réponse :

2 Le village de Neuville compte 1 390 habitants.
Le village de Champs a 453 habitants de moins.
Combien d'habitants y a-t-il à Champs ?

a. **Complète** le schéma.
b. **Écris** un calcul avec + ou − et **calcule** : .... = ...
c. **Écris** la phrase réponse :

3 Un dictionnaire pour débutants compte 250 pages.
Le dictionnaire junior possède 500 pages.
Combien de pages le dictionnaire junior a-t-il de plus que le dictionnaire débutant ?
a. **Dessine** le schéma.
b. **Écris** un calcul avec + ou − et **calcule** : .... = ...
c. **Écris** la phrase réponse :

Période 1

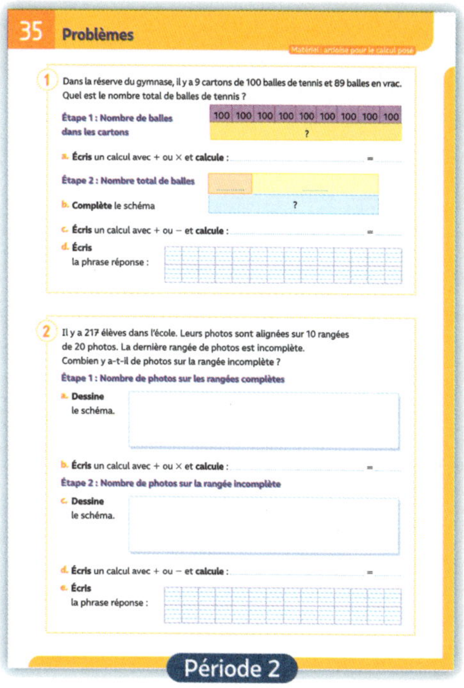
35 Problèmes

Matériel : ardoise pour le calcul posé

1 Dans la réserve du gymnase, il y a 9 cartons de 100 balles de tennis et 89 balles en vrac.
Quel est le nombre total de balles de tennis ?

Étape 1 : Nombre de balles dans les cartons

a. **Écris** un calcul avec + ou × et **calcule** : .... = ...

Étape 2 : Nombre total de balles

b. **Complète** le schéma
c. **Écris** un calcul avec + ou − et **calcule** : .... = ...
d. **Écris** la phrase réponse :

2 Il y a 217 élèves dans l'école. Leurs photos sont alignées sur 10 rangées de 20 photos. La dernière rangée de photos est incomplète.
Combien y a-t-il de photos sur la rangée incomplète ?

Étape 1 : Nombre de photos sur les rangées complètes
a. **Dessine** le schéma.
b. **Écris** un calcul avec + ou × et **calcule** : .... = ...

Étape 2 : Nombre de photos sur la rangée incomplète
c. **Dessine** le schéma.
d. **Écris** un calcul avec + ou − et **calcule** : .... = ...
e. **Écris** la phrase réponse :

Période 2

- Le fichier propose un **apprentissage pas à pas** de la résolution de problèmes basiques et complexes.
- On peut y consacrer une **séance spécifique** par semaine ou 10 à 15 minutes **en rituel chaque jour**.
- Cette démarche s'appuie sur la **méthode des schémas en barre**, conformément aux préconisations du *Guide orange** du Ministère dès le CP.
- L'élève se constitue ainsi petit à petit une **bibliothèque de problèmes de référence**.

* *Pour enseigner les nombres, le calcul et la résolution de problèmes au CP*, Ministère de l'Éducation nationale, de la Jeunesse et des Sports, 2021.

Sommaire

Sommaire

Sommaire par domaines

NOMBRES ET CALCULS

GRANDEURS ET MESURES

ESPACE ET GÉOMÉTRIE

PROBLÈMES

Connaître les nombres jusqu'à 999

1 **Écris** les nombres représentés.

c	d	u
3	5	6

c	d	u
....	....	....

c	d	u
....	....	....

2 **Complète.**

a. 968 c'est 9 centaines, 6 dizaines et 8 unités.

b. 781 c'est .... centaines, ... dizaines et .... unité.

c. 207 c'est .... centaines, ... dizaine et .... unités.

d. 630 c'est .... centaines, ... dizaines et .... unité.

e. 569 c'est .... unités, ... dizaines et .... centaines.

3 **Entoure** les nombres qui correspondent à la description.

a. Le chiffre 7 représente 700 unités : 875 • 732 • 907 • 577 • 797

b. Le chiffre 7 représente 70 unités : 875 • 732 • 907 • 577 • 797

c. Le chiffre 7 représente 7 unités : 875 • 732 • 907 • 577 • 797

4 **Écris** en chiffres.

a. quatre-cent-trente-deux : ....

b. six-cent-soixante-quinze : ....

c. cent-cinquante-et-un : ....

d. deux-cent-sept : ....

CAHIER DU JOUR

5 **Écris** en lettres les nombres suivants.

a. 358 b. 104 c. 970 d. 692

2 Comparer, ordonner les nombres jusqu'à 999

1 **Complète** avec =, ou <, ou bien >.

a. 200 199

b. 99 102

c. 701 177

d. 912 903

e. 500 + 10 + 3 531

f. 7 + 30 + 400 437

2 **Complète** avec le nombre précédent et le nombre suivant.

458 < 459 < 460	.... < 318 <	.... < 500 < ....
.... < 685 <	.... < 190 <	.... < 311 < ....

3 **Complète** les nombres avec des chiffres qui conviennent.

567 > 554	4 .... 0 > 470	599 < 13	209 < 2 9
732 > 73	988 < 9 0	100 < 99	309 > 98

4 **Complète** avec =, ou <, ou bien >.

cent-vingt-quatre < 180

quatre-cent-quatre-vingt-quatorze 494

903 .... neuf-cent-trente

570 .... cinq-cent-soixante

606 .... six-cent-soixante

cinquante-cinq 555

5 **Range** les nombres dans l'ordre croissant.

327 321 308 299 410 330 312 303 30 401

.... < .... < .... < .... < .... < .... < .... < .... < .... < ....

CAHIER DU JOUR

6 **Range** les nombres dans l'ordre décroissant.

560 • 506 • 600 • 666 • 55 • 355 • 660 • 500 • 160 • 60

3 Calculer en ligne des compléments à la centaine supérieure

1 **Trouve** la dizaine entière qui suit le nombre.

58 → 60	42 →	21 →	83 → ....
234 → 240	576 →	702 →	666 → ....

2 **Calcule** le complément à 100 par étapes.

a. 67 + ? = 100

67 + 3 = 70
70 + 30 = 100
→ 67 + 33 = 100

b. 81 + ? = 100

81 + ... = 90
90 + ... = 100
→ 81 + ... = 100

c. 45 + ? = 100

45 + ... = 50
.... + ... = 100
→ 45 + ... = 100

3 **Trouve** la centaine entière qui suit le nombre.

374 → 400	506 →	873 →	96 → ....
650 →	10 →	239 →	8 → ....

4 **Calcule** le complément à la centaine qui suit par étapes.

a. 257 + ? = 300

257 + 3 = 260
260 + 40 = 300
→ 257 + ... = 300

b. 529 + ? = 600

529 + ... = 530
530 + ... = 600
→ 529 + ... = 600

c. 784 + ? = 800

784 + ... = 790
790 + ... = ...
→ 784 + ... = ...

5 **Complète**.

673 + 7 + 20 = 700	321 + ... + ... = 400	608 + ... + ... = 700
56 + ... + ... = 100	837 + ... + ... = 900	540 + ... + ... = 600

CAHIER DU JOUR

6 **Recopie** et **complète**.

a. 500 = 485 + ... + ...
b. 900 = 842 + ... + ...
c. 200 = 160 + ... + ...
d. 600 = 524 + ... + ...
e. 400 = 303 + ... + ...
f. 700 = 672 + ... + ...

4 Poser et calculer une addition avec retenue

1 **Pose** et **calcule**.

675 + 248

	c	d	u
	1	1	
	6	7	5
+	2	4	8
	9	2	3

439 + 172

	c	d	u
+			

207 + 426

	c	d	u
+			

2 **Pose** et **calcule** les additions.

108 + 387

	1	0	8
+	3	8	7

647 + 95

728 + 153

3 **Pose** et **calcule**.

235 + 72 + 321

	c	d	u
	1		
	2	3	5
+		7	2
+	3	2	1
	6	2	8

502 + 168 + 98

	c	d	u
+			
+			

154 + 254 + 354

	c	d	u
+			
+			

CAHIER DU JOUR

4 **Pose** et **calcule**.

a. 456 + 267 b. 654 + 78 + 186 c. 65 + 510 + 309

Problèmes

Matériel : ardoise pour le calcul posé

1 À la cantine, 118 filles et 109 garçons déjeunent en même temps.
Combien y-a-t-il d'élèves à la cantine ?

a. **Écris** un calcul avec + ou − et **calcule** : .... = ...

b. **Écris** la phrase réponse :

2 On cherche le nombre total de cahiers dans la réserve de la classe.
Il y a 145 petits cahiers et 89 grands cahiers.

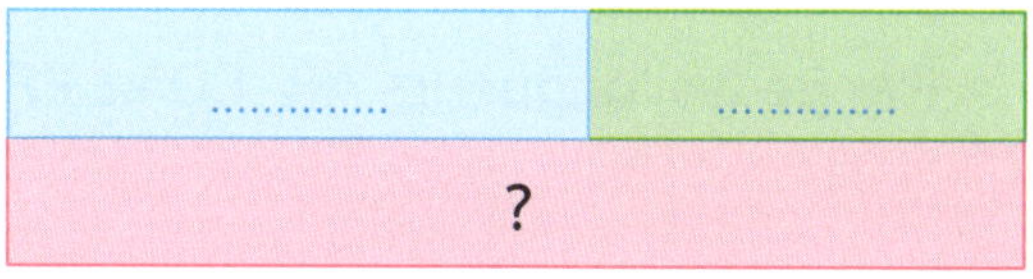

a. **Complète** le schéma.

b. **Écris** un calcul avec + ou − et **calcule** : .... = ...

c. **Écris** la phrase réponse :

3 75 élèves de CE2 et 58 élèves de CM1 partent en classe verte.
Quel est le nombre total d'élèves qui partent en classe verte ?

a. **Dessine** le schéma.

b. **Écris** un calcul avec + ou − et **calcule** : .... = ...

c. **Écris** la phrase réponse :

6 Comparer des longueurs

Matériel : règle graduée

1 **Mesure** les bandes et **coche** la plus courte.

2 a. **Mesure** la longueur de chaque segment et **complète**.

AB = ... cm.

.... cm < CD < .... cm

.... cm < EF < .... cm

b. **Range** les longueurs AB, CD et EF de la plus courte à la plus longue :

.... < .... < ....

3 a. **Mesure** les bandes.

A .... cm .... mm

D .... cm .... mm

B .... cm .... mm

E .... cm .... mm

C .... cm .... mm

b. **Classe-les** de la plus longue à la plus courte :

.... > .... > .... > .... > ....

4 a. **Mesure** les longueurs AB et CD.

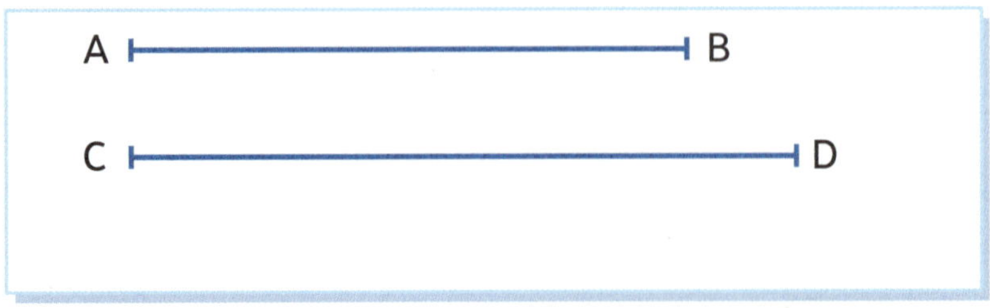

AB = ... cm .... mm

CD = ... cm .... mm

b. **Trace** un segment dont la longueur est comprise entre AB et CD.

CAHIER DU JOUR

5 **Classe** les segments de la fiche distribuée du plus court au plus long.

Poser et calculer une soustraction avec retenue (1)

1 **Calcule** les soustractions.

	c	d	u
	4	~~5~~ 4	3 1
–	1	2	7
	3	2	6

	c	d	u
	8	3	0
–	5	1	7

	c	d	u
	1	8	2
–		5	8

	c	d	u
	9	6	8
–	5	2	9

2 **Pose** et **calcule**.

715 – 346

	c	d	u
	~~7~~ 6	~~1~~ 10	5 1
–	3	4	6
	3	6	9

423 – 175

	c	d	u
–			

855 – 677

	c	d	u
–			

314 – 295

	c	d	u
–			

3 **Pose** et **calcule**.

937 – 124

873 – 246

505 – 208

164 – 95

CAHIER DU JOUR

4 **Pose** et **calcule**.

a. 462 – 314 b. 370 – 109 c. 417 – 95 d. 527 – 398

8 Associer différentes représentations d'un nombre

1 **Colorie** la réponse exacte.

a. Dans 358, le chiffre 5 représente [5] [50] unités.

b. Dans 790, le chiffre 7 représente [7] [70] centaines.

c. Dans 206, le chiffre 0 représente [0] [10] dizaines.

d. Dans 824, le chiffre 4 représente [400] [4] unités.

2 **Complète**.

a.	124	100 + 20 + 4	cent-vingt-quatre
b.	938	....	
c.	....	....	deux-cent-deux
d.	....	700 + 10 + 6	

3 **Colorie** toutes les représentations du nombre 975.

neuf-cent-soixante-quinze | 97 dizaines et 5 unités | 900 + 7 + 15

975 unités | 960 + 15 | 97 centaines et 5 unités | 9 c + 7 d + 5 u

4 **Relie** les étiquettes équivalentes.

568 • | 570 • | 312 • | 232 •

• 70 u + 5 c | • 2 u + 2 c + 3 d | • 6 d + 5 c + 8 u | • 31 d + 2 u

CAHIER DU JOUR

5 **Écris** le nombre 589 de quatre manières différentes, en t'inspirant de l'exercice 3.

Problèmes

Matériel : ardoise pour le calcul posé

1 Un train embarque 456 passagers.
143 passagers sont des enfants.
Combien y a-t-il d'adultes dans le train ?

a. **Écris** un calcul avec + ou − et **calcule** : .... = ...

b. **Écris** la phrase réponse :

2 Une salle de cinéma peut accueillir 310 spectateurs.
248 personnes sont présentes dans la salle.
Quel est le nombre de sièges vides ?

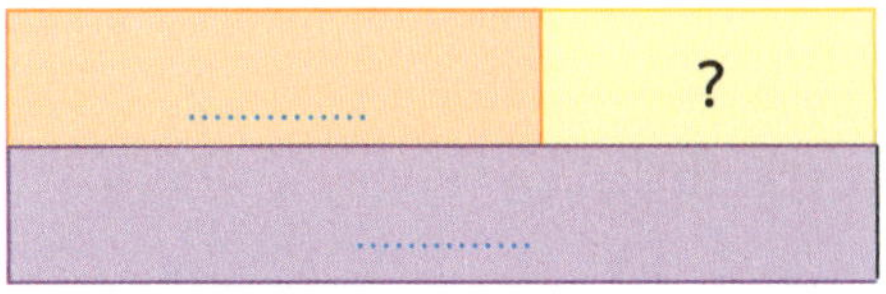

a. **Complète** le schéma.

b. **Écris** un calcul avec + ou − et **calcule** : .... = ...

c. **Écris** la phrase réponse :

3 On cherche le nombre d'images qui ne sont pas rangées dans l'album.
Noé possède une collection de 94 images. Il range 45 images dans l'album.

a. **Dessine** le schéma.

b. **Écris** un calcul avec + ou − et **calcule** : .... = ...

c. **Écris** la phrase réponse :

10 Mesurer et tracer des segments

Matériel : règle graduée

1 **Mesure** la longueur de chaque segment avec ta règle graduée.

a.

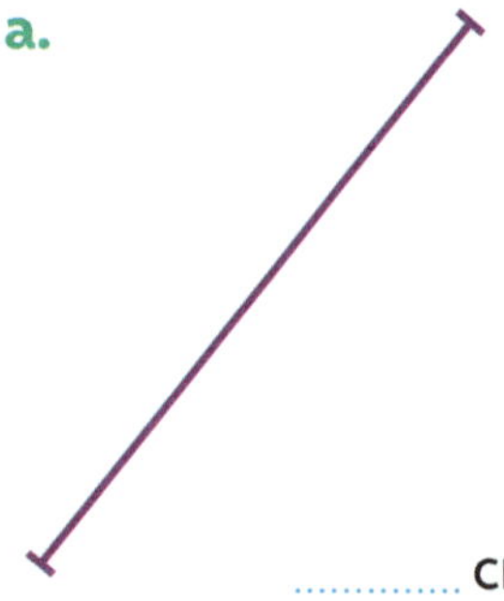

.... cm

b.

.... cm

c.

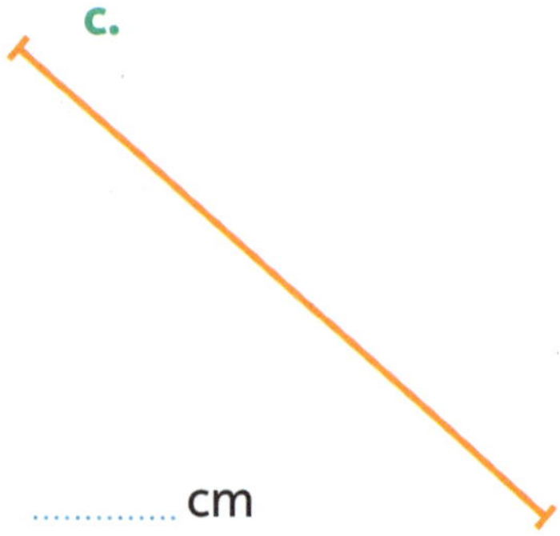

.... cm

2 **Trace** les segments dont les longueurs sont :

a. GH = 4 cm b. IJ = 7 cm et 5 mm c. KL = 3 cm et 8 mm

3 **Mesure** la longueur de chaque segment et **complète**.

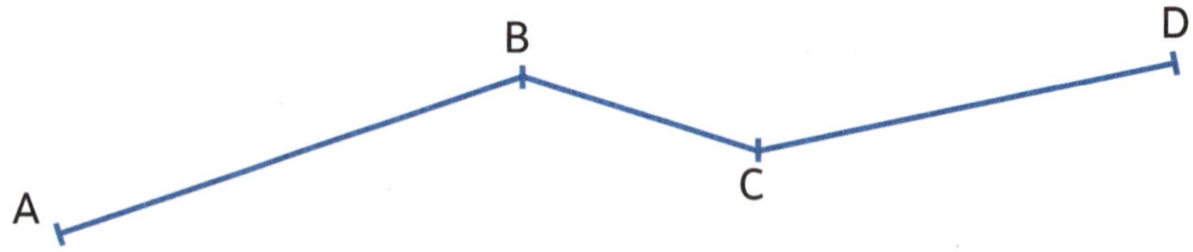

AB = ... cm et .... mm BC = ... cm et .... mm

CD = ... cm et .... mm AD = ... cm et .... mm

CAHIER DU JOUR

4 **Trace** les segments dont les longueurs sont :

a. EF = 3 cm b. IJ = 6 cm et 5 mm c. KL = 10 cm et 9 mm.

11 Calculer en ligne des sommes (1)

1 **Complète** et **calcule**.

a. 263 + 631
= 200 + 60 + 3 + 600 + 30 + 1
= 200 + 600 + 60 + 30 + 3 + 1
= 800 + 90 + 4
= 894

b. 451 + 328
= ...... + ... + ... + ... + ... + ...
= ...... + ... + ... + ... + ... + ...
= ...... + ... + ...
= ......

c. 507 + 92
= ....
= ....
= ....
= ....

d. 740 + 73
= ....
= ....
= ....
= ....

2 **Complète**.

a. 106 + 783
= (100 + 700) + (0 + 80) + (6 + 3)
= 800 + 80 + 9
= 889

b. 807 + 148
= ....
= ....
= ....

3 **Colorie** les étiquettes qui permettent de calculer 547 + 308.

500 + 300 + 40 + 7 + 8	800 + 50 + 5	800 + 40 + 7 + 8
500 + 300 + 0 + 7 + 8	800 + 40 + 15	700 + 50 + 5

CAHIER DU JOUR

4 **Recopie** et **calcule**.

a. 543 + 337 **b.** 397 + 317 **c.** 68 + 635 **d.** 198 + 507

12 Représenter le nombre 1 000

1 **Colorie** les écritures du nombre 1 000.

10 dizaines	1 000 unités	1 dizaine	1 millier
1 centaine	100 dizaines	100 unités	10 centaines

2 **Complète**.

Dans le nombre mille :

a. le chiffre des centaines est .... ;

b. le chiffre des unités est .... ;

c. le chiffre des milliers est .... ;

d. le chiffre des dizaines est ....

3 **Complète** les étiquettes pour faire 1 000.

a.	5 centaines et 5 centaines	500 + 500
b.	.... centaines + 4 centaines	.... + ...
c.	10 dizaines + ... dizaines	100 + ...
d.	80 dizaines + ... dizaines	.... + ...

4 **Calcule** par étapes le complément à 1 000.

a. 650 + ? = 1 000

→ Pour aller de 650 à 700 :

650 + ... = 700

→ Pour aller de 700 à 1 000 :

700 + ... = 1 000

Donc 650 + ... = 1 000

b. 830 + ? = 1 000

→ Pour aller de 830 à 900 :

830 + ... = 900

→ Pour aller de 900 à 1 000 :

900 + ... = 1 000

Donc 830 + ... = 1 000

CAHIER DU JOUR

5 **Recopie** et **complète** les calculs.

a. 400 + ... = 1 000

b. .... + 850 = 1 000

c. .... + 700 = 1 000

d. 420 + ... = 1 000

e. 550 + ... = 1 000

f. 610 + ... = 1 000

13 Problèmes

Matériel : ardoise pour le calcul posé

1 La classe de Lila a récupéré 278 piles usagées et la classe d'Ali a apporté 302 piles usagées.
Combien de piles seront recyclées ?

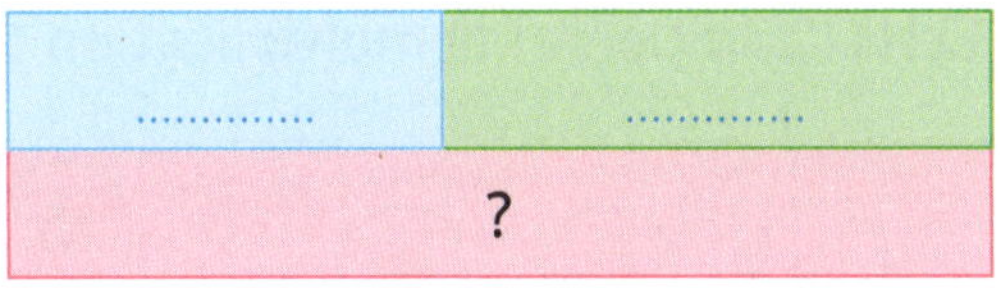

a. **Complète** le schéma.

b. **Écris** un calcul avec + ou − et **calcule** : .... = ...

c. **Écris** la phrase réponse :

2 Dans le verger il y a 350 arbres.
On compte 125 abricotiers et les autres arbres sont des pêchers.
Quel est le nombre de pêchers ?

a. **Dessine** le schéma.

b. **Écris** un calcul avec + ou − et **calcule** : .... = ...

c. **Écris** la phrase réponse :

3 Le théâtre espère vendre 900 billets de son nouveau spectacle.
Il a déjà vendu 550 billets.
Combien de billets le théâtre doit-il encore vendre ?

a. **Dessine** le schéma.

b. **Écris** un calcul avec + ou − et **calcule** : .... = ...

c. **Écris** la phrase réponse :

14 Calculer en ligne un produit

1 **Écris** l'addition et la multiplication représentées puis **calcule**.

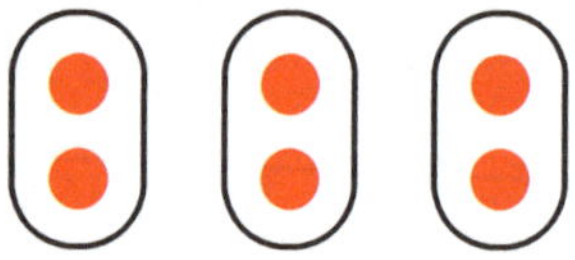

2 + ... + ... = ...

.... × .... = ...

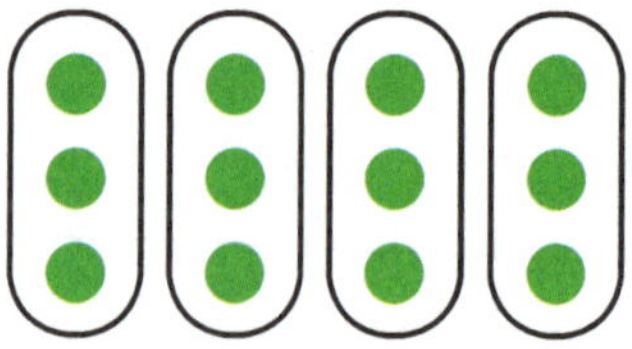

.... = ...

.... = ...

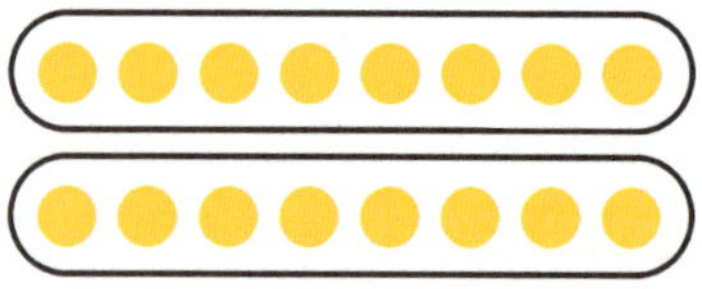

.... = ...

.... = ...

2 **Écris** la multiplication correspondante et **calcule**.

a. 6 + 6 + 6 = 3 × 6 = ...

b. 8 + 8 + 8 = ... = ...

c. 2 + 2 + 2 + 2 = ... = ...

d. 4 + 4 + 4 + 4 + 4 = ... = ...

3 **Écris** les deux multiplications possibles et **calcule**.

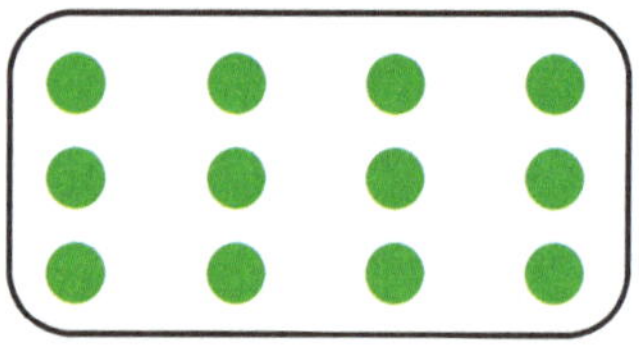

3 × 4 = ...

.... × .... = ...

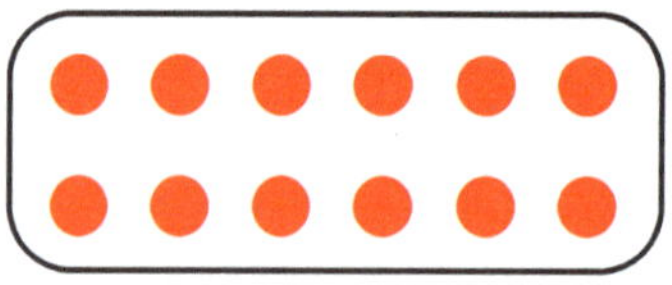

.... × .... = ...

.... × .... = ...

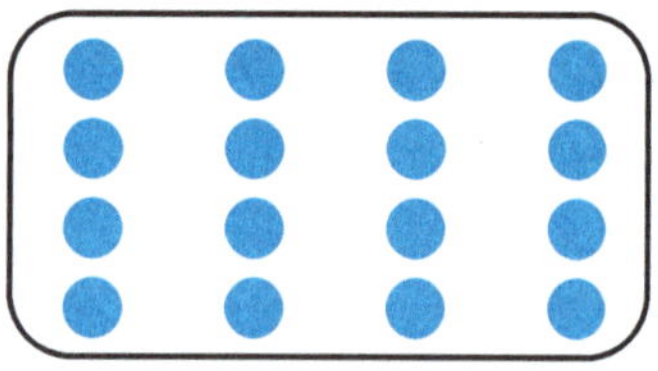

.... × .... = ...

.... × .... = ...

4 **a.** **Colorie** le nombre de carreaux correspondant à chaque opération.
b. **Calcule** ensuite le résultat.

5 × 2 = 10

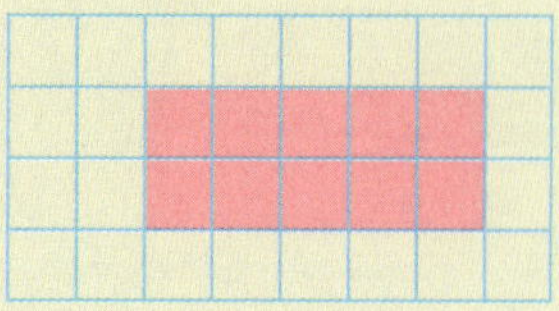

4 × 4 = ...

3 × 7 = ...

CAHIER DU JOUR

5 **Écris** les deux multiplications possibles pour calculer le nombre de carrés colorés sur la fiche et **calcule**.

Se situer sur un plan

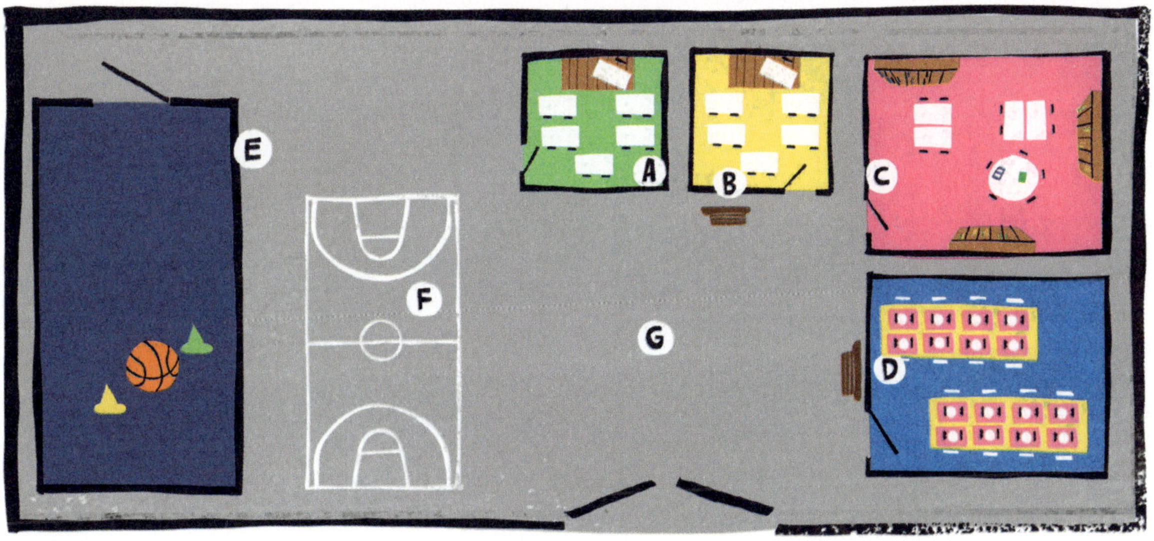

1 **Observe** le plan de l'école et **réponds** aux questions.

a. Par quelle lettre est repérée la cantine ? ....

b. Par quelles lettres sont repérées les salles de classe ? ....

c. Quel bâtiment est repéré par la lettre E ? ....

d. Que représente la lettre C ? ....

2 **Trace** le trajet sur le plan puis **complète** la phrase.

Les élèves entrent par le portail de l'école, tournent à gauche et passent entre le gymnase et le terrain de basket. Ils tournent ensuite à droite et entrent dans une salle.

Les élèves entrent dans la salle ....

3 **Trace** sur le plan le trajet d'Alice qui se déplace de D à E en passant par B.
Complète la phrase.

Alice est partie de .... Elle est sortie dehors,
a traversé .... puis a tourné à ....
pour entrer dans la classe B. Ensuite elle est ressortie
et s'est dirigée à .... en passant entre ....
et .... Enfin, Alice est arrivée dans ....

CAHIER DU JOUR

4 **Trace** le trajet pour aller de l'école à la Poste sur la feuille distribuée puis **écris-le**.

16 Trouver le milieu d'un segment

Matériel : règle graduée

1 **Coche** les figures où le point M est le milieu du segment.

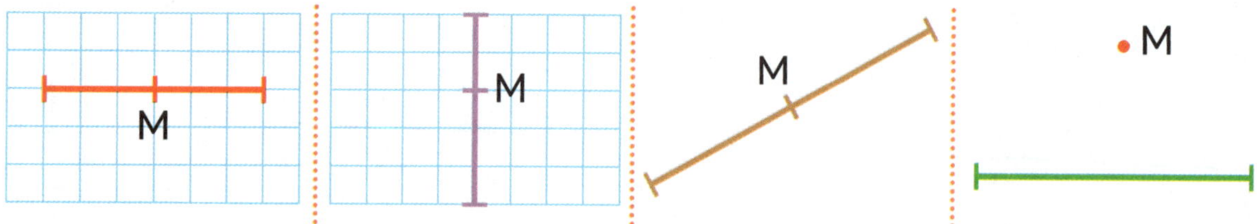

☐ ☐ ☐ ☐

2 **Marque** le milieu de chaque segment avec un tiret rouge.

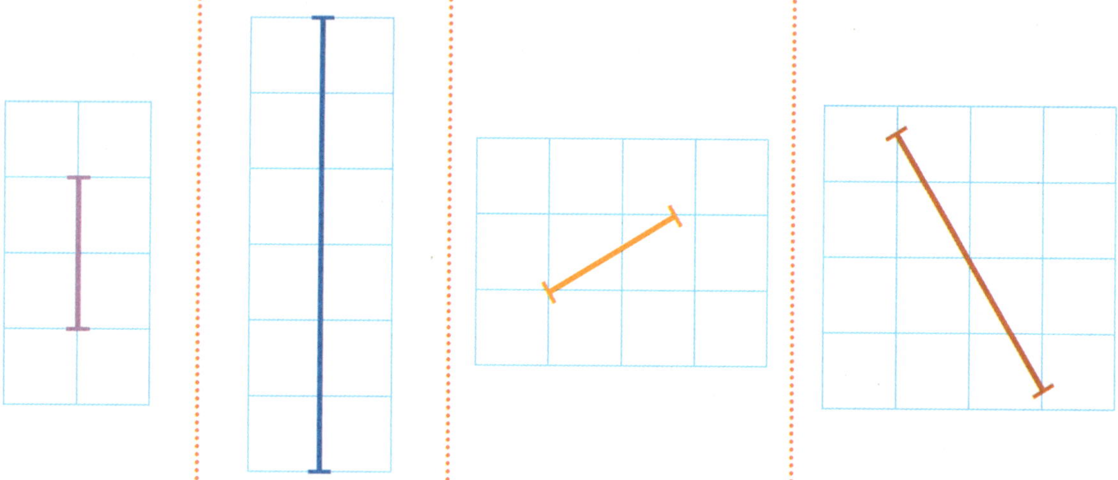

3 **a. Mesure** la longueur de chaque segment à la règle, puis **place** son milieu M avec un tiret rouge.

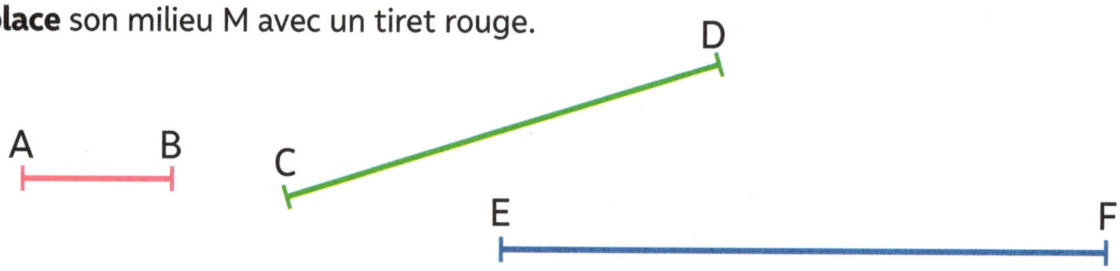

b. Complète les égalités.

AB = ... cm CD = ... cm EF = ... cm

AM = ... cm MD = ... cm EM = ... cm

CAHIER DU JOUR

4 **Trace** avec ta règle les segments de la longueur indiquée puis **place** leur milieu M.

a. AB = 10 cm b. CD = 12 cm c. EF = 4 cm

17 Problèmes

Matériel : ardoise pour le calcul posé

1 28 vélos sont déjà garés dans le parking. 32 nouveaux cyclistes viennent déposer leur vélo. Combien y a-t-il de vélos garés maintenant ?

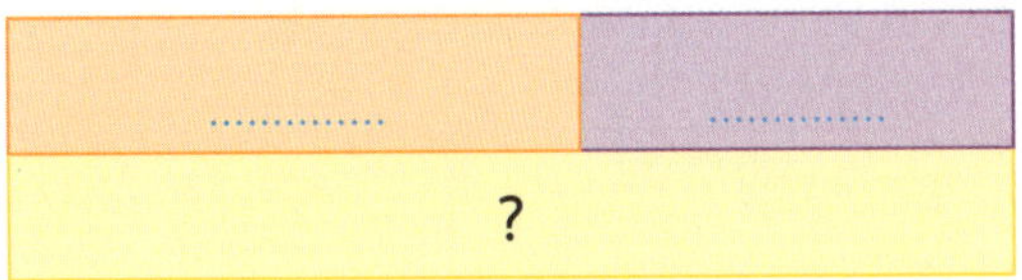

a. **Écris** un calcul avec + ou − et **calcule** : .... = ...

b. **Écris** la phrase réponse :

2 Le matin, Paul arrive avec des billes à l'école.
Il gagne 13 billes à la récréation. Le soir il a 41 billes.
Quel était le nombre de billes de Paul le matin ?

a. **Dessine** le schéma.

b. **Écris** un calcul avec + ou − et **calcule** : .... = ...

c. **Écris** la phrase réponse :

3 En septembre, il y avait 872 cahiers dans la réserve de l'école.
Au mois de juin il en reste 34.
Combien de cahiers ont été utilisés pendant l'année scolaire ?

a. **Dessine** le schéma.

b. **Écris** un calcul avec + ou − et **calcule** : .... = ...

c. **Écris** la phrase réponse :

Je fais le point

Matériel : règle graduée

1 **Écris** le nombre représenté.

....

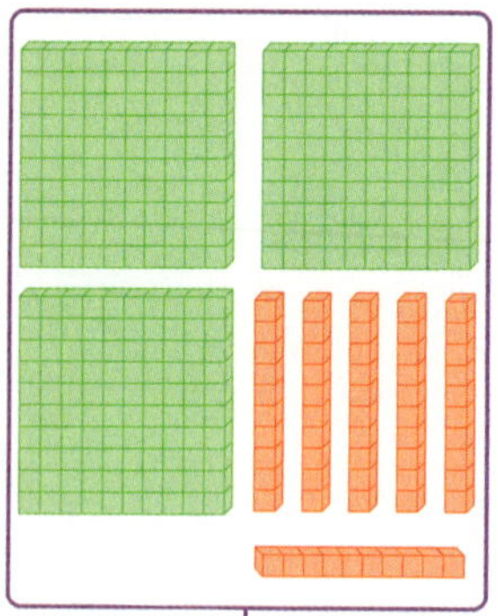

....

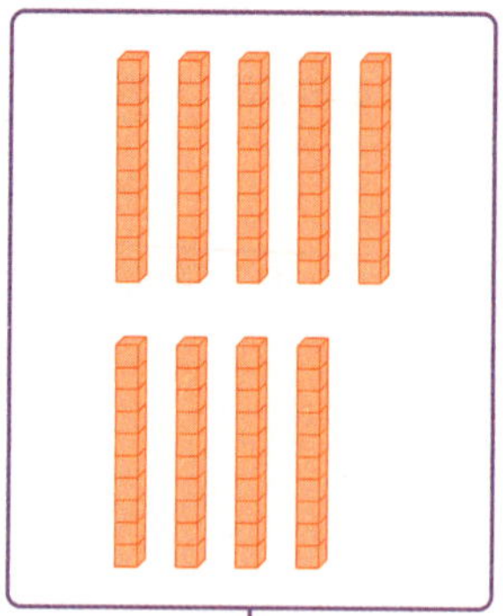

....

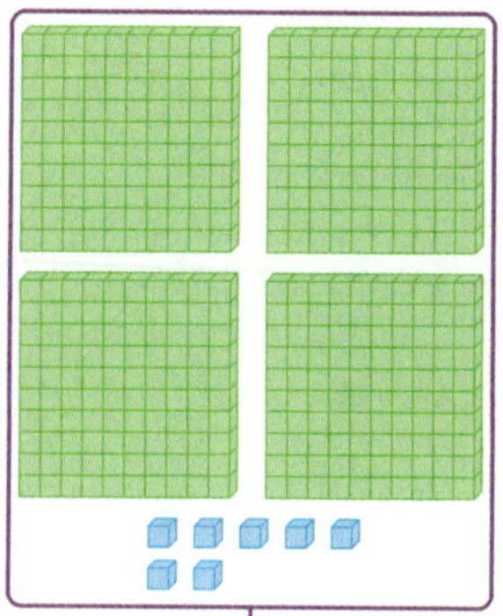

....

2 **Range** les nombres dans l'ordre croissant.

a. 30 78 17 28 82

.... < .... < .... < .... < ....

b. 701 71 107 170 710

.... < .... < .... < .... < ....

3 **Calcule**.

```
    3  2  8
+   4  5  7
-----------
  ... ... ...
```

```
    7  2  5
−   4  1  2
-----------
  ... ... ...
```

4 **Pose** la soustraction puis **calcule**.

87 − 19

5 Pour chaque dessin, **écris** l'addition et la multiplication qui conviennent.

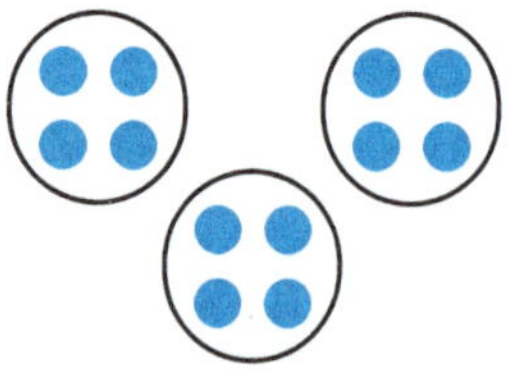

4 + ... + ... = ...

.... × .... = ...

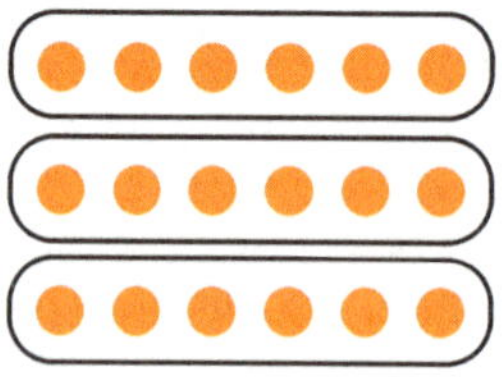

.... = ...

.... = ...

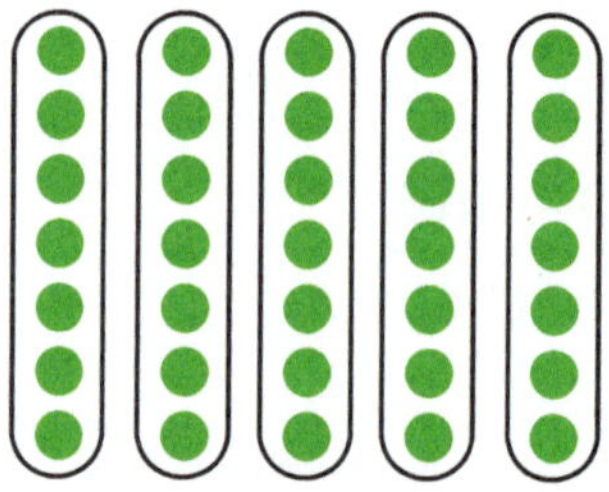

.... = ...

.... = ...

6 **Place** le milieu M du segment avec un tiret rouge.

19 Connaître les nombres jusqu'à 9 999 (1)

1 **Écris** les nombres représentés.

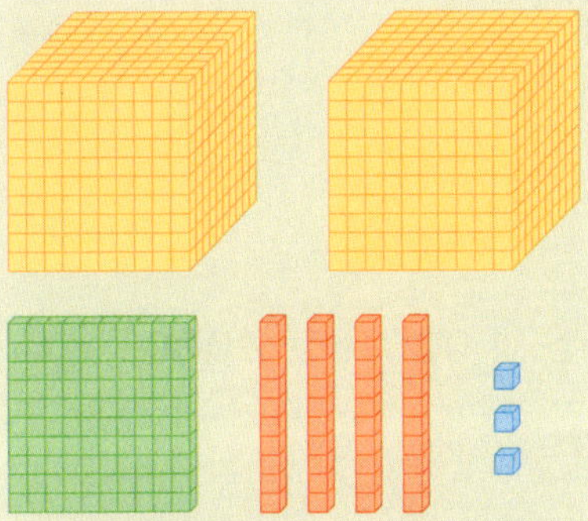

m	c	d	u
2	1	4	3

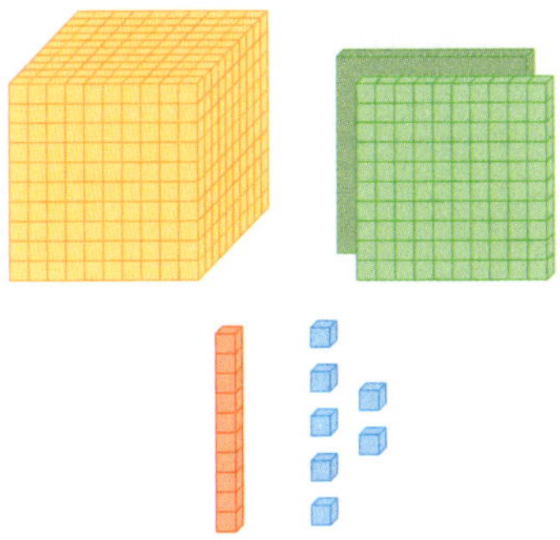

m	c	d	u
....	....	....	....

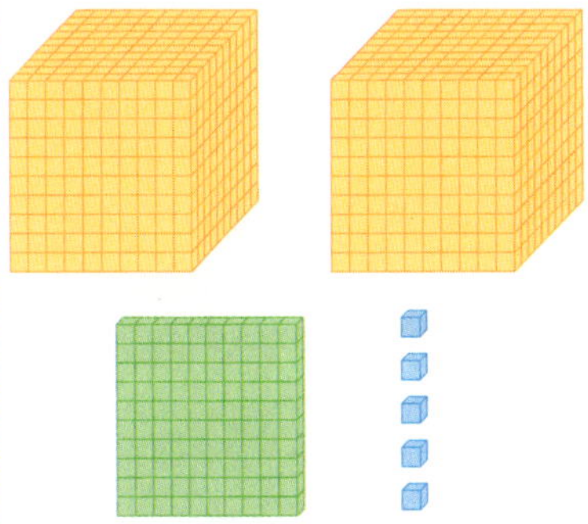

m	c	d	u
....	....	....	....

2 **Complète**.

Dans 5 172 : 5 représente .... milliers donc .... unités ;

1 représente .... centaine donc .... unités ;

7 représente .... dizaines donc .... unités ;

2 représente .... unités.

3 **Entoure** le ou les nombres qui correspondent à la description.

a. Le chiffre 9 représente 90 unités : 9 875 • 7 092 • 1 909 • 7 001 • 7 907

b. Le chiffre 9 représente 9 000 unités : 9 875 • 7 092 • 1 909 • 7 001 • 7 907

c. Le chiffre 9 représente 9 unités : 9 875 • 7 092 • 1 909 • 7 001 • 7 907

d. Le chiffre 9 représente 900 unités : 9 875 • 7 092 • 1 909 • 7 001 • 7 907

4 **Complète** les égalités.

a. 300 dizaines = 3 000 — 54 centaines = ... — 6 300 unités = ...

b. 8 900 = ... centaines — 3 280 = ... dizaines — 4 000 = ... milliers

CAHIER DU JOUR

5 **Recopie** et **complète**.

a. 7 milliers, 2 centaines, 5 dizaines et 6 unités c'est ....

b. 3 milliers et 1 unité c'est ....

c. 35 centaines et 8 dizaines c'est ....

Comparer, ordonner les nombres jusqu'à 9 999 (1)

1 **Observe** l'axe gradué et **encadre** les nombres entre les deux milliers les plus proches.

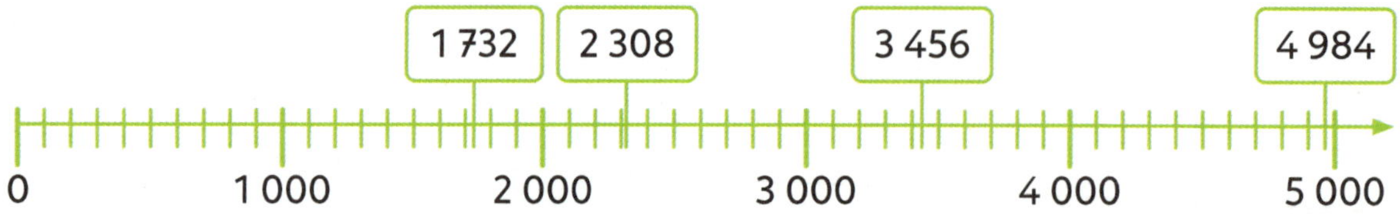

a. 1 000 < 1 732 < 2 000 — 1 732 est compris entre 1 000 et 2 000 .

b. .... < 3 456 < .... — 3 456 est compris entre .... et ....

c. .... < 2 308 < .... — 2 308 est compris entre .... et ....

d. .... < 4 984 < .... — 4 984 est compris entre .... et ....

2 **Encadre** chaque nombre entre les deux milliers les plus proches.

a. .... < 8 032 < ....

b. .... < 5 994 < ....

c. .... < 1 617 < ....

d. .... < 2 481 < ....

3 **Observe** l'axe gradué et **encadre** les nombres entre les deux centaines les plus proches.

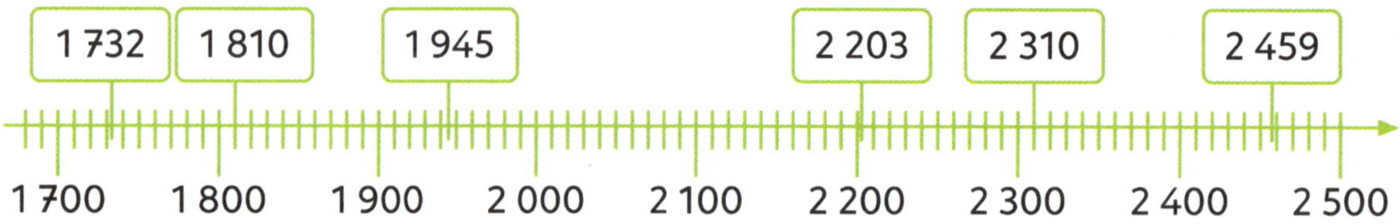

a. 1 700 < 1 732 < 1 800

b. .... < 1 810 < ....

c. .... < 1 945 < ....

d. .... < 2 203 < ....

e. .... < 2 310 < ....

f. .... < 2 459 < ....

4 **Encadre** chaque nombre entre les deux centaines les plus proches.

a. .... < 9 143 < ....

b. .... < 6 781 < ....

c. .... < 2 952 < ....

d. .... < 1 856 < ....

CAHIER DU JOUR

5 **Recopie** et **complète** avec un nombre qui convient.

a. 1 000 < .... < 2 000

b. 6 700 < .... < 6 800

c. 4 000 < .... < 5 000

d. 3 000 < .... < 3 100

21 Problèmes

Matériel : ardoise pour le calcul posé

1 Lors d'une course d'endurance, Carla parcourt 18 tours de stade.
Jeanne court 5 tours de plus.
Quel est le nombre de tours parcourus par Jeanne ?

a. **Écris** un calcul avec + ou − et **calcule** : .... = ...

b. **Écris** la phrase réponse :

2 Le village de Neuville compte 1 390 habitants.
Le village de Champs a 453 habitants de moins.
Combien d'habitants y a-t-il à Champs ?

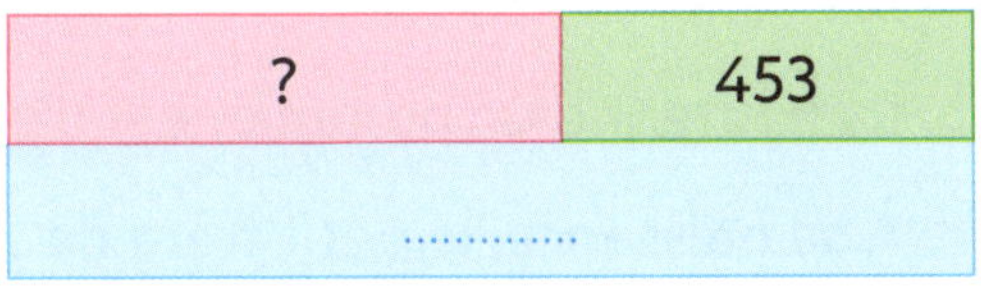

a. **Complète** le schéma.

b. **Écris** un calcul avec + ou − et **calcule** : .... = ...

c. **Écris** la phrase réponse :

3 Un dictionnaire pour débutants compte 250 pages.
Le dictionnaire junior possède 500 pages.
Combien de pages le dictionnaire junior a-t-il de plus que le dictionnaire débutant ?

a. **Dessine** le schéma.

b. **Écris** un calcul avec + ou − et **calcule** : .... = ...

c. **Écris** la phrase réponse :

22 Connaître les longueurs de référence

1 **Complète** avec l'unité qui convient : *m*, *cm* ou *mm*.

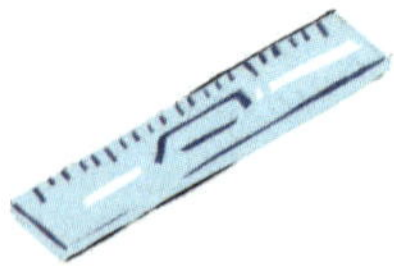
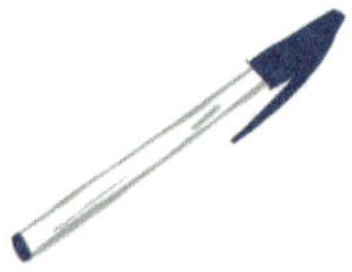

a. L'arbre mesure 3 ....

b. La fourmi mesure 8 ....

c. La règle mesure 20 ....

d. Le crayon mesure 14 ....

2 **Complète** avec l'unité qui convient : *m* ou *cm*.

a. Un terrain de basket mesure 28 .... de long.

b. La hauteur d'un pommier est d'environ 6 ....

c. À sa naissance, le petit frère de Jade mesurait 53 ....

3 **Complète** avec l'unité qui convient : *cm* ou *mm*.

a. Mon petit doigt mesure 5 ....

b. Un cil mesure environ 9 ....

c. La longueur d'un carreau de mon cahier est de 8 ....

d. Les cheveux de Zoé sont très longs, ils mesurent 60 ....

4 **Entoure** :

a. en **bleu** les animaux qui se mesurent en **m** ;

b. en **vert** les animaux qui se mesurent en **cm** ;

c. en **rouge** les animaux qui se mesurent en **mm**.

éléphant   souris   puce   lapin   moustique   pigeon   baleine   girafe

CAHIER DU JOUR

5 **Recopie** et **complète** avec : *m*, *cm* ou *mm*.

a. La longueur d'un grand cahier est de 30 ....

b. Un grain de riz mesure 5 ....

c. Une pièce de 1 euro a une épaisseur de 2 ....

d. La longueur d'un terrain de foot est de 100 .... environ.

23 Connaître les doubles et les moitiés

1 **Complète**.

a. 25 + 25 = ... donc le double de 25 est ....

b. 15 + 15 = ... donc le double de 15 est ....

c. 30 + 30 = ... donc le double de 30 est ....

2 **Complète** l'addition en écrivant deux fois le même nombre, puis **complète** la phrase.

a. 10 + 10 = 20 donc la moitié de 20 est 10.

b. .... + ... = 50 donc la moitié de 50 est ....

c. .... + ... = 100 donc la moitié de 100 est ....

3 **Complète** avec le nombre manquant.

a. 100 est la moitié de ....

b. Le double de 25 est ....

c. .... est la moitié de 60.

d. Le double de .... est 36.

e. .... est le double de 50.

f. La moitié de 100 est ....

g. .... est le double de 40.

h. La moitié de .... est 15.

4 **Complète** en écrivant *la moitié* ou *le double*.

a. 30 est .... de 15.

b. .... de 60 est 30.

c. 25 est .... de 50.

d. .... de 20 est 40.

5 **Calcule**.

a. La moitié de 20 + le double de 25 : 10 + 50 = 60

b. Le double de 10 + la moitié de 40 : .... + ... = ...

c. La moitié de 100 + la moitié de 50 : .... + ... = ...

d. Le double de 30 + le double de 15 : .... + ... = ...

CAHIER DU JOUR

6 **Recopie** et **complète**.

a. Le double de 5 est ....

b. La moitié de 28 est ....

c. La moitié de 50 est ....

d. Le double de 13 est ....

24 Poser et calculer une soustraction avec retenue (2)

1 **Calcule.**

	m	c	d	u
	~~4~~ 3	2 1	~~3~~ 2	0 1
−		5	1	8
	3	7	1	2

	m	c	d	u
	8	5	3	0
−		5	1	7
	......	......	......	......

	m	c	d	u
	6	1	8	2
−	4	9	5	8
	......	......	......	......

	m	c	d	u
	9	1	6	8
−		5	2	9
	......	......	......	......

2 **Calcule** les soustractions.

	6	9	8	7
−	1	3	4	2

	5	6	1	8
−	4	5	9	3

	7	0	0	0
−		9	2	5

3 **Pose** et **calcule**.

6 512 − 5 624

	m	c	d	u
	~~6~~ 5	~~5~~ 14	~~1~~ 10	2 1
−	5	6	2	4
	0	8	8	8

4 230 − 1 753

	m	c	d	u
	......	......	......	......
−	......	......	......	......
	......	......	......	......

8 055 − 677

	m	c	d	u
	......	......	......	......
−	......	......	......	......
	......	......	......	......

3 214 − 2 095

	m	c	d	u
	......	......	......	......
−	......	......	......	......
	......	......	......	......

4 **Pose** et **Calcule**.

3 661 − 2 840

7 119 − 1 558

4 392 − 576

CAHIER DU JOUR

5 **Pose** et **calcule** : a. 3 000 − 1 748 b. 3 736 − 845 c. 1 549 − 894

25 Problèmes

Matériel : ardoise pour le calcul posé

1 Léo a 45 images de plus que Lucie et Zoé a 13 images de moins que Lucie.
On sait que Zoé a 57 images. Combien d'images Léo a-t-il ?

Étape 1 : nombre d'images de Lucie

a. **Écris** un calcul avec + ou − et **calcule** : .... = ...

Étape 2 : nombre d'images de Léo

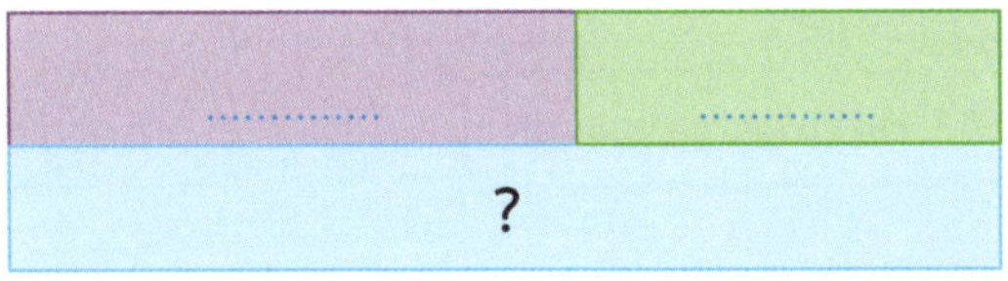

b. **Écris** un calcul avec + ou − et **calcule** : .... = ...

c. **Écris** la phrase réponse :

2 Dans la bibliothèque il y a 145 documentaires de moins que de romans
et 263 bandes dessinées de plus que de romans.
Il y a 345 documentaires en tout.
Combien y a t il de bandes dessinées ?

Étape 1 : nombre de romans

a. **Dessine** le schéma.

b. **Écris** un calcul avec + ou − et **calcule** : .... = ...

Étape 2 : nombre de bandes dessinées

c. **Dessine** le schéma.

d. **Écris** un calcul avec + ou − et **calcule** : .... = ...

e. **Écris** la phrase réponse :

26 Lire l'heure

1 **Colorie** les étiquettes qui indiquent la même heure que la montre.

2 h 55 | 11 h 15 | 11 heures et quart

4 h 30 | 3 h 30 | 3 heures et demie

2 h 45 | 9 h 15 | 3 heures moins le quart

2 **Écris** l'heure **du matin** indiquée par chaque horloge.

.... h .... min

.... h .... min

.... h .... min

.... h .... min

3 **Observe** l'horloge et **complète** les phrases.

Il est 1 h 45.

Donc il manque .... minutes

pour arriver à .... heures.

On dit aussi qu'il est ....

4 **Écris** en chiffres l'heure de **l'après-midi ou du soir** indiquée par chaque horloge.

14 h

.... h .... min

.... h .... min

.... h .... min

CAHIER DU JOUR

5 **Dessine** les aiguilles qui correspondent à l'heure demandée sur la fiche distribuée.

27 Calculer en ligne des sommes (2)

1 **Complète** et **calcule** en deux étapes.

a. 35 + 9

35 + 10 = 45

45 − 1 = 44

donc 35 + 9 = 44

b. 453 + 9

453 + ... = ...

.... − .... = ...

donc 453 + 9 = ...

c. 1 547 + 9

.... + ... = ...

.... − .... = ...

donc .... + ... = ...

2 **Calcule** en deux étapes.

a. 57 + 19

57 + 20 = 79

79 − 1 = 78

donc

57 + 19 = 78

b. 57 + 29

.... + ... = ...

.... − .... = ...

donc

.... + ... = ...

c. 57 + 39

.... + ... = ...

.... − .... = ...

donc

.... + ... = ...

3 **Complète**.

a. Pour ajouter 9 à un nombre, j'ajoute 1 dizaine puis je soustrais 1 unité.

b. Pour ajouter 29 à un nombre, j'ajoute .... dizaines puis je soustrais .... unité.

c. Pour ajouter .... à un nombre, j'ajoute 2 dizaines et je soustrais 1 unité.

d. Pour ajouter 39 à un nombre, j'ajoute .... dizaines et je soustrais .... unité .

4 **Calcule**.

a. 563 + 29

.... + ... = ...

.... − .... = ...

donc 563 + 29 = ...

b. 45 + 39

.... + ... = ...

.... − .... = ...

donc 45 + 39 = ...

c. 8 756 + 19

.... + ... = ...

.... − .... = ...

donc 8 756 + 19 = ...

CAHIER DU JOUR

5 **Recopie** et **calcule**.

a. 563 + 19 b. 4 530 + 39 c. 7 309 + 9 d. 906 + 9

Calculer en ligne des différences

1 **Complète** puis **calcule** par étapes.

a. 378 − 45

378 c'est 300 + 70 + 8
45 c'est 40 + 5

- 300 − 0 = 300
- 70 − 40 = 30
- 8 − 5 = 3

300 + 30 + 3 = 333
donc 378 − 45 = 333

b. 696 − 254

696 c'est .... + ... + ...
254 c'est .... + ... + ...

- 600 − .... = ...
- 90 − .... = ...
- .... − 4 = ...

.... + ... + ... = ...
donc 696 − 254 = ...

2 **Complète** puis **calcule**.

a. 4 582 − 250

= 4 000 + 500 − 200 + 80 − 50 + 2 − 0
= 4 000 + 300 + 30 + 2
= 4 332

b. 3 869 − 417

= ....
= ....
= ....

3 **Calcule** en utilisant la méthode de ton choix.

a. 6 987 − 342

= ....
= ....
= ....
= ....

donc
6 987 − 342 = ...

b. 9 876 − 603

= ....
= ....
= ....
= ....

donc
9 876 − 5 603 = ...

CAHIER DU JOUR

4 **Recopie** et **calcule**.

a. 495 − 53 b. 1 679 − 552 c. 768 − 47 d. 6 584 − 472

29 Problèmes

Matériel : ardoise pour le calcul posé

1 Dans le potager, il y a 3 bacs pour planter des salades. On plante 5 salades dans chaque bac. Combien de salades y a-t-il en tout dans le potager ?

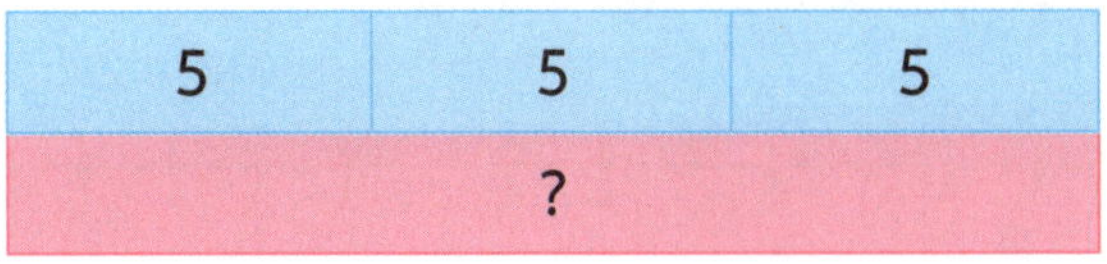

a. **Écris** un calcul avec + ou × et **calcule** : …………………………………… = ………

b. **Écris** la phrase réponse :

2 Pour un spectacle, on installe 4 rangées de 6 chaises. Combien de spectateurs pourront s'assoir ?

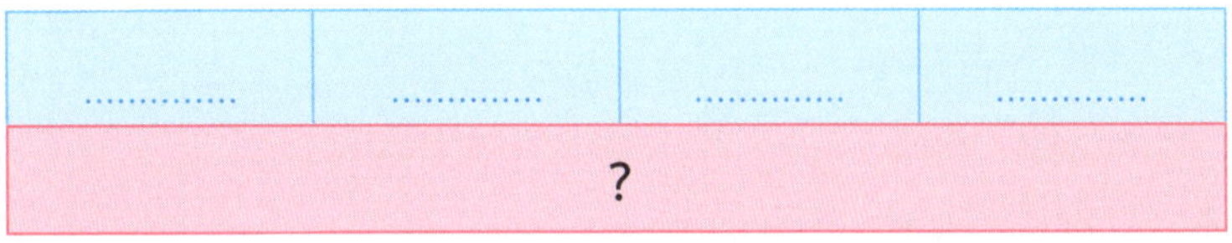

a. **Complète** le schéma.

b. **Écris** un calcul avec + ou × et **calcule** : …………………………………… = ………

c. **Écris** la phrase réponse :

3 On cherche le nombre total d'élèves qui participent à la course. Lors d'une course de relais, il y a 4 équipes de 8 élèves.

a. **Dessine** le schéma.

b. **Écris** un calcul avec + ou × et **calcule** : …………………………………… = ………

c. **Écris** la phrase réponse :

30 Placer des nombres sur une droite graduée (1)

1 **Complète** les étiquettes.

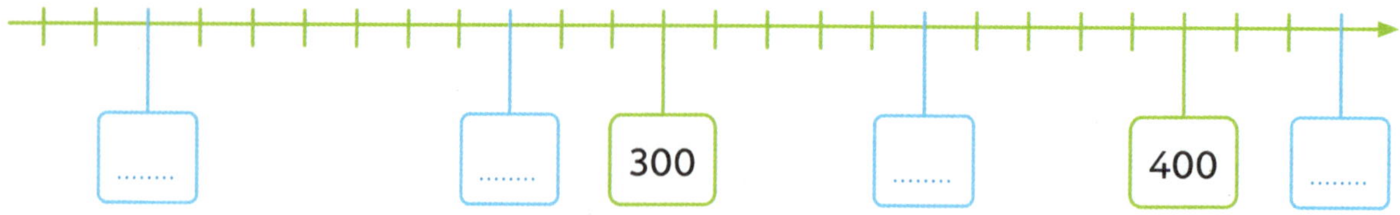

2 **Complète** les étiquettes.

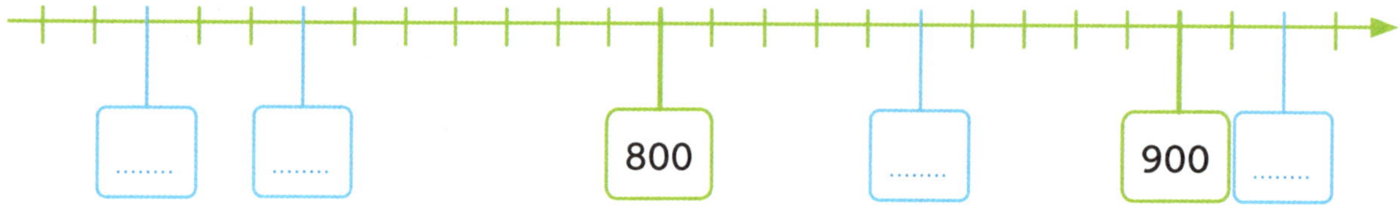

3 **Écris** les nombres suivants à leur place sur la droite graduée.

900   880   1 060   950   1 130

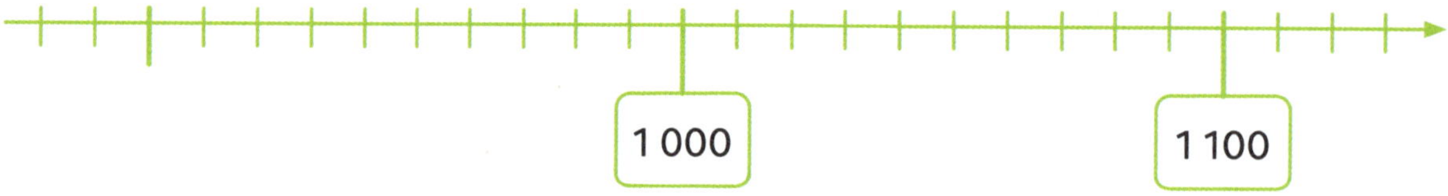

4 **Barre** les nombres qui ne peuvent pas être placés sur cette droite graduée.

5 000	6 000	3 500	3 800	5 200
5 700	3 000	4 800	4 200	3 200

CAHIER DU JOUR

5 **Complète** la droite graduée sur la feuille distribuée.

31 Reconnaître un polygone

Matériel : équerre

1 **Coche** les figures qui sont des polygones.

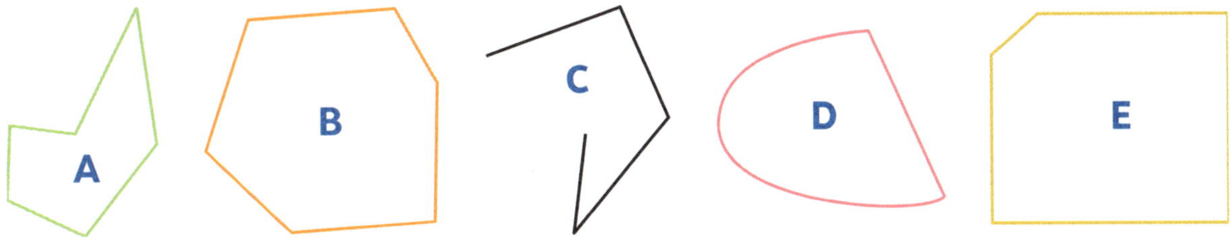

☐ ☐ ☐ ☐ ☐

2 **Décris** ces polygones.

a.

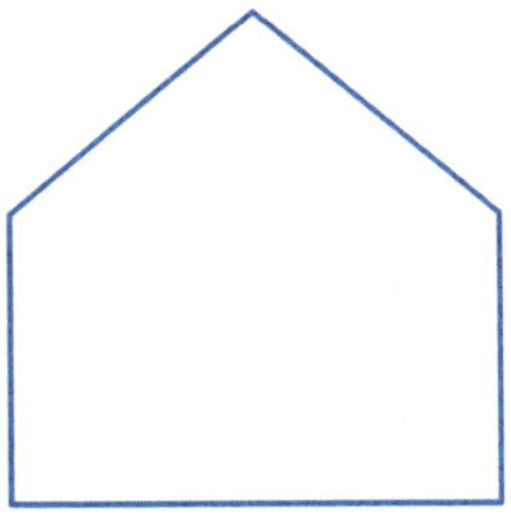

Nombre de sommets : ....

Nombre de côtés : ....

Nombre d'angles en tout : ....

Nombre d'angles droits : ....

b.

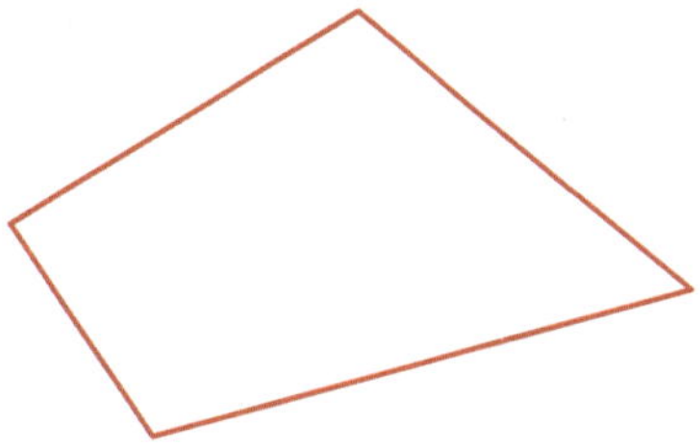

Nombre de sommets : ....

Nombre de côtés : ....

Nombre d'angles en tout : ....

Nombre d'angles droits : ....

3 **Complète** le tableau.

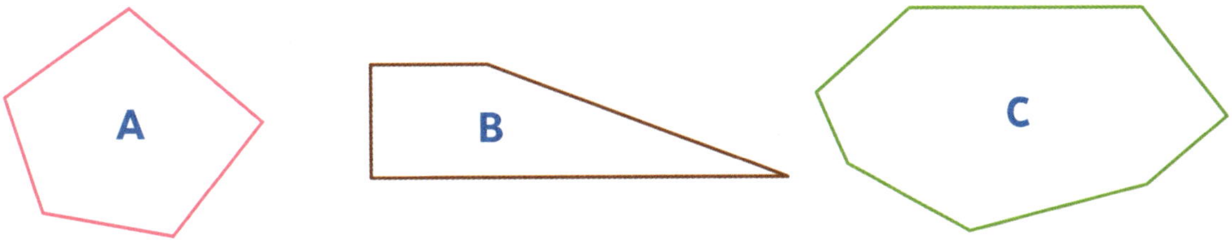

	Nombre de côtés	Nombre de sommets	Nombre d'angles droits
A			
B			
C			

CAHIER DU JOUR

4 **Trace** un polygone ayant trois sommets et un angle droit.

32 Décrire le carré, le rectangle et le triangle rectangle

1 **Coche** :

a. les **rectangles** en **bleu** ;

b. les **triangles rectangles** en **vert** ;

c. les **carrés** en **rouge**.

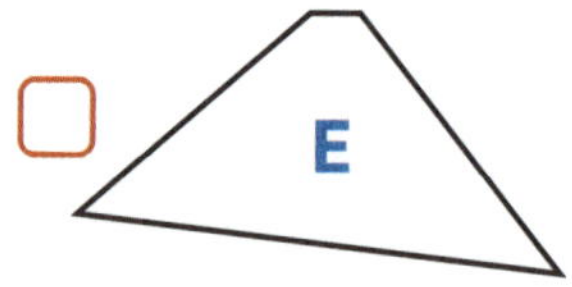

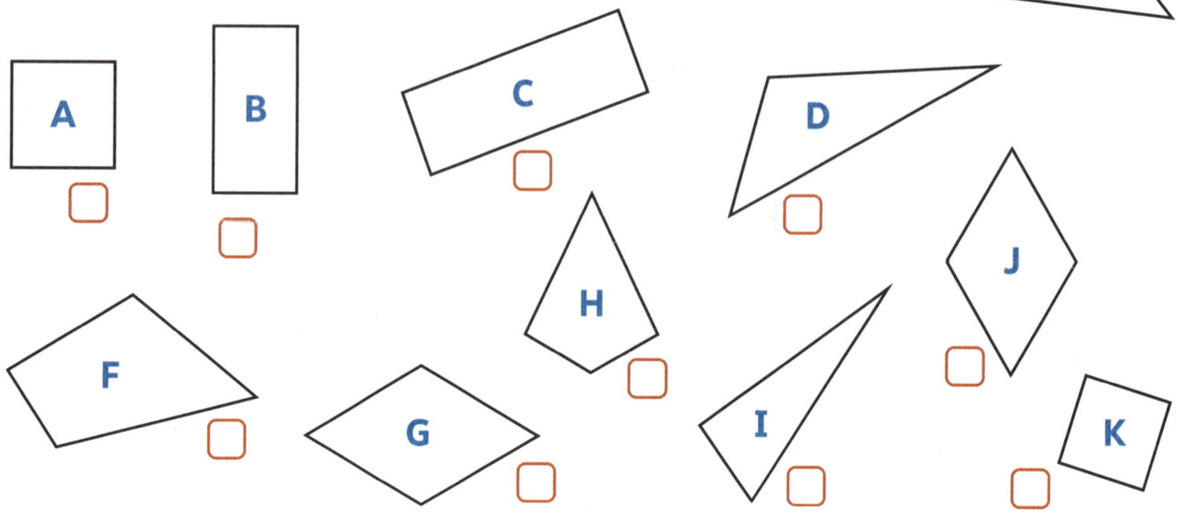

2 **Complète** le tableau.

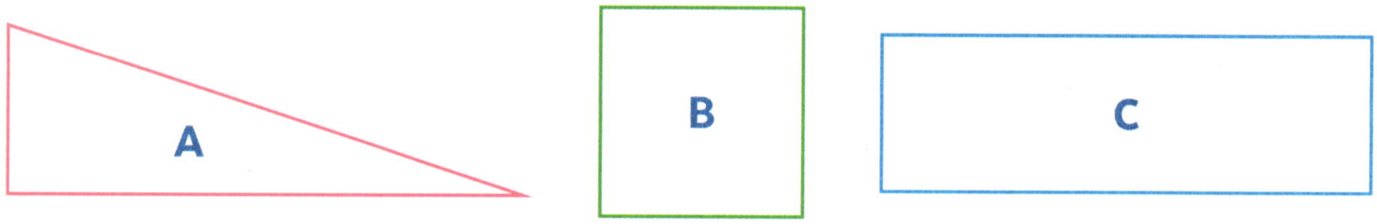

	Nom du polygone	Nombre de sommets	Nombre d'angles droits
A			
B			
C			

3 **Complète** la description des figures.

a. Le .... a quatre côtés égaux et quatre .... droits.

b. Le rectangle a quatre côtés et .... angles droits.
Ses .... opposés sont égaux.

c. Le .... rectangle a trois côtés et un angle ....

CAHIER DU JOUR

4 **Complète** le tableau sur la feuille distribuée.

33 Multiplier par 2, 3, 4 et 5

1 **Complète** les suites de nombres.

a.	0	2	4	....	....	....	....	....	....	....
b.	0	5	10	....	....	....	....	....	....	....
c.	0	3	6	....	....	....	....	....	....	....
d.	0	4	8	....	....	....	....	....	....	....

2 **Complète**.

a. × 4

6	24
....	36
0	....
7	....

b. × 3

8	....
....	18
5	....
....	0

c. × ....

7	35
5	....
....	20
9	....

3 **Entoure** les nombres qui sont des résultats de la table de 5.

10 35 50 44 25 40 38 5 30 15 12

4 **Entoure** les nombres qui sont des résultats des tables de 2 et de 4 à la fois.

4 10 20 12 16 6 18 32 14 2

5 **Complète**.

9 × 2 = ...	8 × 3 = ...	25 = ... ×	36 = ... × ....
6 × 4 = ...	7 × 4 = ...	27 = ... ×	12 = ... × ....
7 × 5 = ...	21 = ... ×	14 = ... ×	40 = 5 × ....

CAHIER DU JOUR

6 **Recopie** et **complète**.

a. 3 × 3 **b.** 5 × 4 **c.** 9 × 5 **d.** 6 × 2 **e.** 5 × 3

34 Multiplier par 10 et par 100

1 **Complète.**

a. 18 × 10

C'est 18 dizaines.

C'est 180 unités.

18 × 10 = 180

b. 9 × 10

C'est .... dizaines.

C'est .... unités.

9 × 10 = ...

c. 5 × 100

C'est .... centaines.

C'est .... unités.

5 × 100 = ...

d. 37 × 100

C'est .... centaines.

C'est .... unités.

37 × 100 = ...

2 **Complète.**

a. × 10

9	....
....	600
48	....
100	....
....	5 200

b. × 100

31	....
73	....
4	....
....	8 500
....	9 900

3 **Complète.**

a.

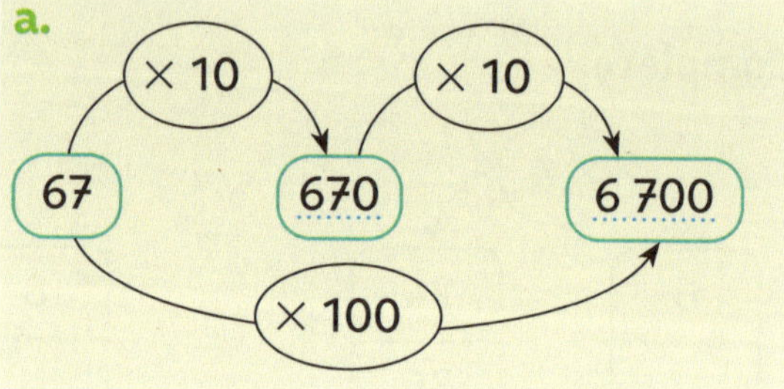

b.

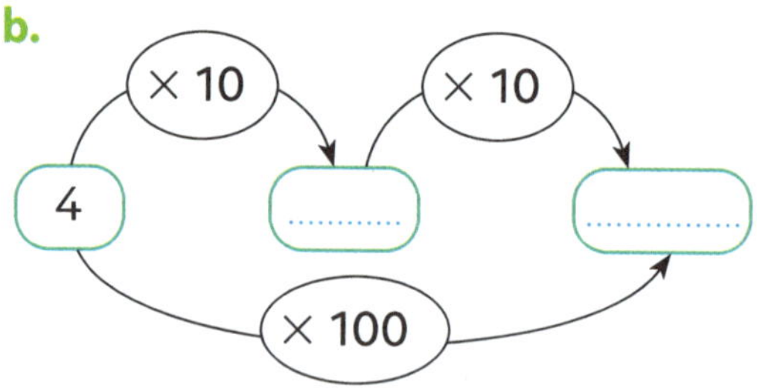

c.

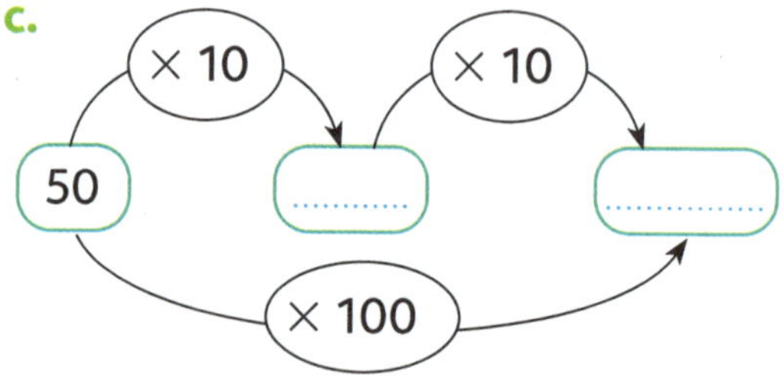

4 **Calcule.**

6 × 10 = ...

2 × 100 = ...

8 × 10 = ...

28 × 100 = ...

16 × 10 = ...

54 × 100 = ...

CAHIER DU JOUR

5 **Recopie** et **complète.**

a. 5 × .... = 500 **b.** 21 × .... = 210 **c.** .... × 49 = 4 900 **d.** .... × 66 = 660

Problèmes

Matériel : ardoise pour le calcul posé

1 Dans la réserve du gymnase, il y a 9 cartons de 100 balles de tennis et 89 balles en vrac.
Quel est le nombre total de balles de tennis ?

Étape 1 : Nombre de balles dans les cartons

100	100	100	100	100	100	100	100	100
?								

a. **Écris** un calcul avec + ou × et **calcule** : .... = ...

Étape 2 : Nombre total de balles

b. **Complète** le schéma

....	....
?	

c. **Écris** un calcul avec + ou − et **calcule** : .... = ...

d. **Écris** la phrase réponse :

2 Il y a 217 élèves dans l'école. Leurs photos sont alignées sur 10 rangées de 20 photos. La dernière rangée de photos est incomplète.
Combien y a-t-il de photos sur la rangée incomplète ?

Étape 1 : Nombre de photos sur les rangées complètes

a. **Dessine** le schéma.

b. **Écris** un calcul avec + ou × et **calcule** : .... = ...

Étape 2 : Nombre de photos sur la rangée incomplète

c. **Dessine** le schéma.

d. **Écris** un calcul avec + ou − et **calcule** : .... = ...

e. **Écris** la phrase réponse :

36 Je fais le point

1 **Écris** en chiffres le nombre représenté puis **complète**.

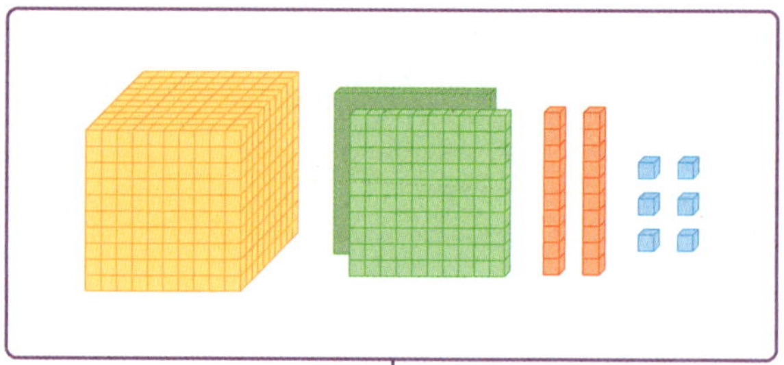

....

.... milliers, ... centaines, ... dizaines et .... unités

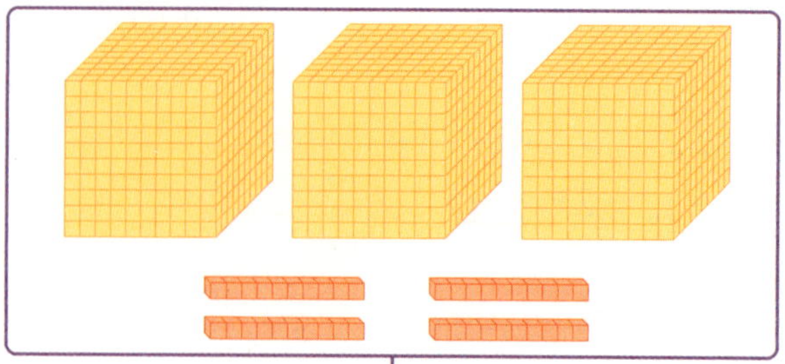

....

.... milliers, ... centaines, ... dizaines et .... unités

2 **Complète** avec < ou >.

a. 1 243 .... 1 249 **b.** 5 910 .... 5 748 **c.** 4 999 .... 9 993 **d.** 6 023 .... 6 019

3 **Pose** et **calcule**.

433 − 268

4 820 − 1 196

8 507 − 4 796

4 **Écris** l'heure **du matin**.

a.

.... h .... min

b.

.... h .... min

c.

.... h .... min

5 **a. Colorie** le carré en bleu et les triangles en vert.

b. Barre les figures qui ne sont pas des polygones.

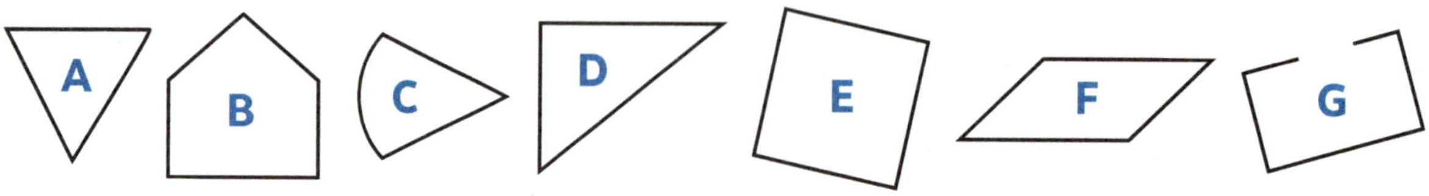

37 Connaître les nombres jusqu'à 9 999 (2)

1 **Écris** en chiffres.

sept-mille-cinq-cent-soixante-dix-huit : 7 578
deux-mille-sept-cent-trente-quatre : ....
neuf-mille-quatre-vingt-quinze : ....
mille-trois : ....
trois-mille-deux-cents : ....
cent-quarante-et-un : ....

2 **Écris** en lettres.

a. 4 697 quatre-mille-six-cent-quatre-vingt-dix-sept

b. 7 015

c. 812

d. 8 403

3 **Complète** les égalités.

a. 4 000 = 40 centaines
b. 3 000 = ... dizaines
c. 50 centaines = ...
d. 8 500 = ... centaines
e. 2 700 = ... dizaines
f. 148 dizaines = ...

4 **Colorie** toutes les étiquettes représentant le nombre 5 050.

50 centaines et 5 dizaines | 55 centaines | 5 000 unités
cinq-mille-cinquante | 505 dizaines | cinq-mille-cinq-cents
5 milliers et 50 unités | 50 centaines et 5 milliers

CAHIER DU JOUR

5 **Recopie** et **écris** en chiffres.

a. 800 dizaines = ...
b. 20 centaines et 8 dizaines = ...
c. 42 centaines = ...
d. 7 milliers et 50 dizaines = ...

Construire un cercle

Matériel : compas, règle graduée

1 **Complète** avec *centre*, *rayon*, *diamètre*.

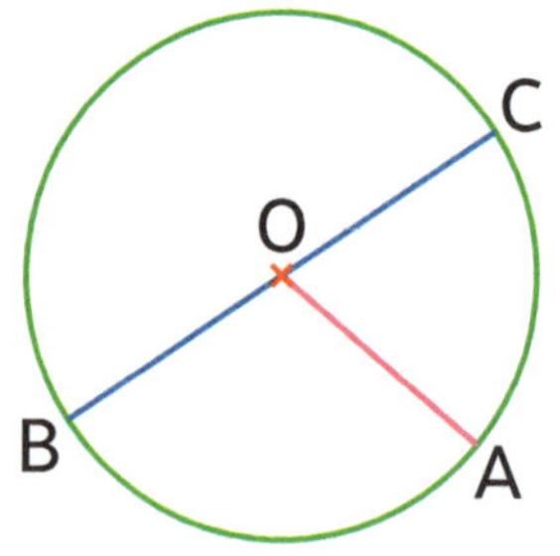

a. Le segment bleu est un .... du cercle.

b. O est le .... du cercle.

c. Le segment rouge est un .... du cercle.

2 **Trace** un cercle de centre A et de rayon la longueur AB.

3 **Trace** un cercle de centre O et d'un diamètre de 7 cm.

4 **Trace** un cercle de centre B ayant le même rayon que le cercle de centre A.

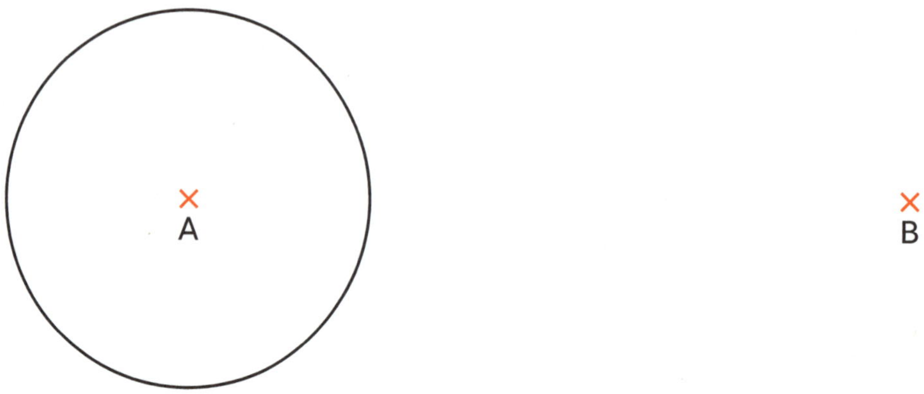

CAHIER DU JOUR

5 **Reproduis** la figure sur la feuille distribuée.

39 Comparer, ordonner les nombres jusqu'à 9 999 (2)

1 **Range** les nombres dans l'ordre croissant.

6 861   5 495   8 487   7 201   4 053   405

…………… < …………… < …………… < …………… < …………… < ……………

2 **Range** les nombres dans l'ordre décroissant.

2 963   9 430   879   7 206   1 000   1 003

…………… > …………… > …………… > …………… > …………… > ……………

3 **Compare** les nombres en utilisant > ou < .

a. 3 457 ……… 4 567
b. 5 609 ……… 5 624
c. 2 451 ……… 2 431

d. 6 079 ……… 6 290
e. 7 038 ……… 7 009
f. 1 780 ……… 987

g. 604 ……… 599
h. 1 090 ……… 1 010
i. 4 400 ……… 4 500

4 **Complète** les nombres pour que les encadrements soient corrects.

a. 2 800 …… < 2 956 < 2 978 ……
b. 1 …………… < 1 300 < 1 ……………
c. 6 …………… < 6 050 < 6 ……………

d. 5 …………… < 5 403 < 5 ……………
e. 4 …………… < 4 986 < 4 ……………
f. 9 …………… < 9 998 < 9 ……………

CAHIER DU JOUR

5 **Recopie** et **complète** avec > ou < .

a. 7 541 ……… 6 432
b. 1 003 ……… 995

c. 3 100 ……… 3 010
d. 5 832 ……… 5 934

e. 8 999 ……… 8 900
f. 7 864 ……… 7 974

40 Reconnaître un nombre pair et un nombre impair

1 **Complète.**

a. Les nombres pairs se terminent par : 0 ....

b. Les nombres impairs se terminent par : 1 ....

2 **Entoure** en **bleu** les nombres **pairs** et en **vert** les nombres **impairs**.

369 998 643 0 772 555 278 127 334 808

3 **Écris** cinq nombres impairs plus grands que 500.

4 **Écris** cinq nombres pairs plus grands que 5 000.

5 a. **Écris** le double de chaque nombre.

Le double de 14 est ....

Le double de 9 est ....

Le double de 20 est ....

Le double de 3 est ....

Le double de 30 est ....

Le double de 100 est ....

Le double de 17 est ....

Le double de 19 est ....

b. **Coche** la réponse juste.

Tous les doubles sont des nombres : ☐ impairs. ☐ pairs.

CAHIER DU JOUR

6 **Écris** cinq nombres pairs et cinq nombres impairs compris entre 1 992 et 2 010.

1 Problèmes

Matériel : ardoise pour le calcul posé

1 Au début du match de football, il y a 2 671 spectateurs dans le stade.
À la fin du match, il reste 1 279 spectateurs dans le stade. Combien de spectateurs sont partis pendant le match ?

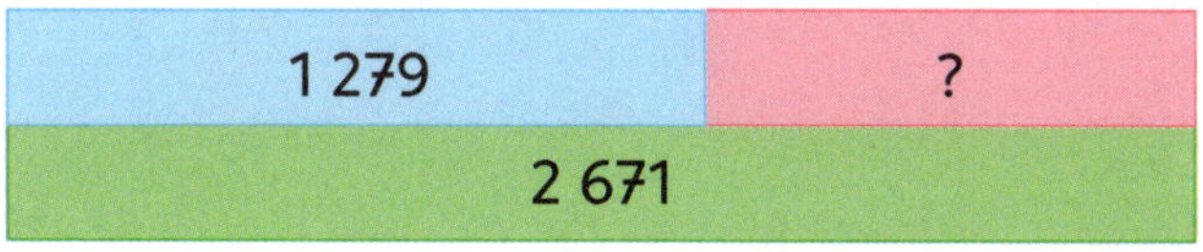

a. Écris un calcul avec + ou − et **calcule** : .... = ...

b. Écris la phrase réponse :

2 Le matin, 123 vélos sont garés dans le parking. À la fin de la journée, il reste 55 vélos. Combien de vélos sont sortis du parking ?

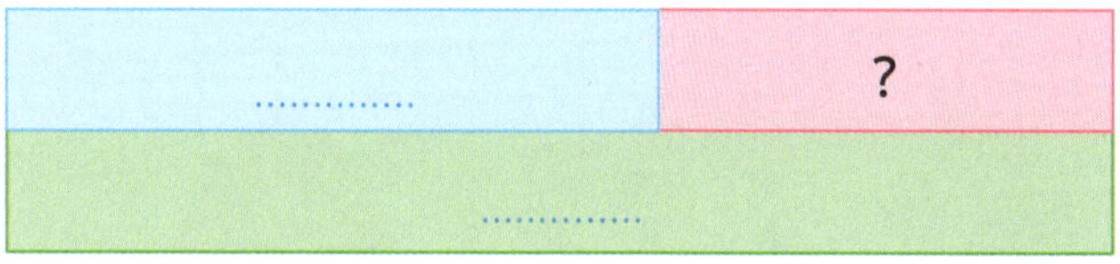

a. Complète le schéma.

b. Écris un calcul avec + ou − et **calcule** : .... = ...

c. Écris la phrase réponse :

3 On cherche le nombre de coureurs qui ont abandonné pendant la course.
4 500 coureurs prennent le départ du marathon. Ils sont 3 549 à l'arrivée.

a. Dessine le schéma.

b. Écris un calcul avec + ou − et **calcule** : .... = ...

c. Écris la phrase réponse :

42 Peser des objets en gramme ou en kilogramme

1 **Complète** avec *plus* ou *moins*.

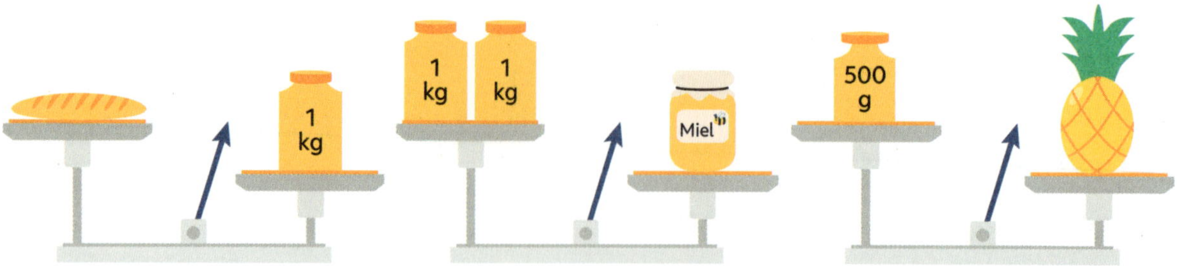

a. Le pain pèse .... que 1 kg.

b. Le pot de miel pèse .... que 2 kg.

c. L'ananas pèse .... que 500 g.

2 **Écris** la masse de chaque objet.

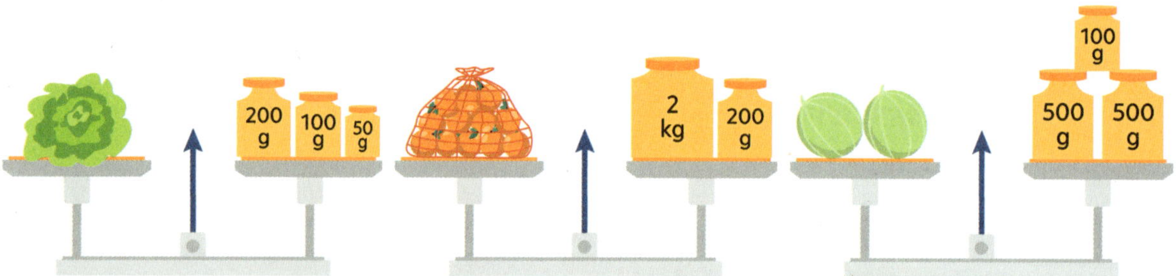

a. La salade pèse .... g.

b. Les oranges pèsent .... g.

c. Les melons pèsent .... g.

3 **Observe** les poids et la position de l'aiguille sur chaque balance.
Propose une masse possible pour chaque boîte.

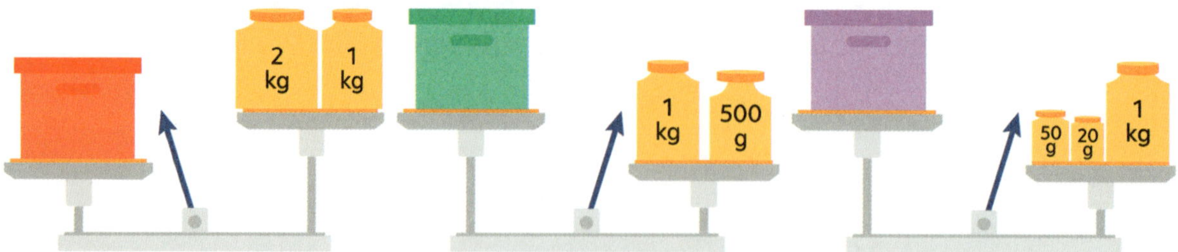

a. Cette boîte peut peser .... g.

b. Cette boîte peut peser .... g.

c. Cette boîte peut peser .... g.

CAHIER DU JOUR

4 Sur la feuille distribuée, **dessine** les poids correspondant à la masse de l'objet.

3 Calculer en ligne des sommes (3)

1 **Entoure** les quantités identiques dans les deux nombres puis **calcule** leur somme.

250 + 290

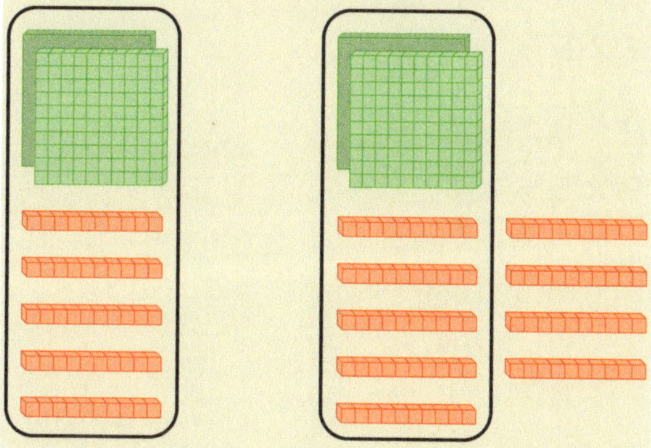

= 250 + 250 + 40

= 500 + 40

= 540

3 400 + 3 100

= .... + ... + ...

= .... + ...

= ....

2 **Complète** et **calcule**.

a. 1 500 + 1 700

= 1 500 + 1 500 + 200

= 3 000 + 200

= 3 200

b. 120 + 190

= 120 + ... + ...

= .... + ...

= ....

c. 550 + 580

= 550 + ... + ...

= .... + ...

= ....

d. 4 300 + 4 100

= .... + ... + ...

= .... + ...

= ....

3 **Relie** les calculs équivalents.

2 500 + 2 000 •	• 2 000 + 2 000 + 500 •	• 1 000 + 50
2 000 + 1 500 •	• 500 + 500 + 50 •	• 4 000 + 500
550 + 500 •	• 1 500 + 1 500 + 500 •	• 3 000 + 500

CAHIER DU JOUR

4 **Recopie** les trois calculs de l'exercice 3 et trouve le résultat.

44 Connaître les tables de multiplication de 6 et 7

1 **Complète** la table de 6.

0 × 6 = ...

1 × 6 = ...

2 × 6 = ...

3 × 6 = ...

4 × 6 = ...

5 × 6 = ...

6 × 6 = ...

7 × 6 = ...

8 × 6 = ...

9 × 6 = ...

10 × 6 = ...

2 **Colorie** les nombres de 7 en 7.

1	2	3	4	5	6	7	8	9	10
11	12	13	14	15	16	17	18	19	20
21	22	23	24	25	26	27	28	29	30
31	32	33	34	35	36	37	38	39	40
41	42	43	44	45	46	47	48	49	50
51	52	53	54	55	56	57	58	59	60
61	62	63	64	65	66	67	68	69	70

3 **Barre** les nombres qui ne sont pas des résultats de la table de 6.

8 12 14 18 24 26 30 40 46 54

4 **Entoure** les nombres qui sont des résultats de la table de 7.

1 7 15 21 28 37 49 55 63

CAHIER DU JOUR

5 **Recopie** et **complète**.

a. 4 × 7 = ...
b. 7 × .... = 49
c. 6 × 9 = ...
d. 6 × 8 = ...
e. 7 × 6 = ...
f. 8 × 7 = ...
g. 6 × .... = 36
h. 7 × .... = 70

5 Problèmes

Matériel : ardoise pour le calcul posé

1 On doit manger 5 fruits et légumes par jour pour être en bonne santé. Combien de fruits et légumes doit-on manger en 1 semaine ?

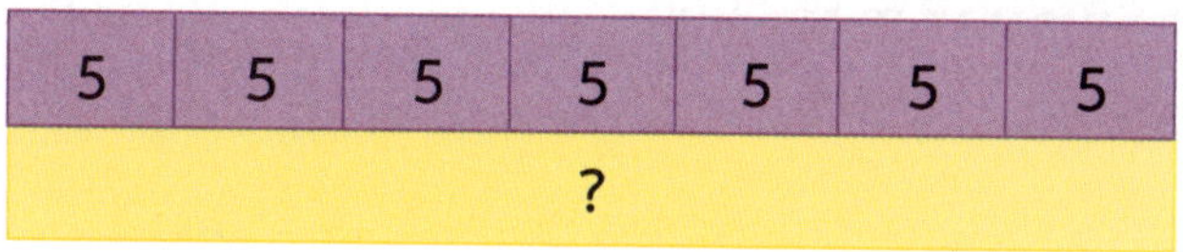

a. Écris un calcul avec + ou × et **calcule** : .... = ...

b. Écris la phrase réponse :

2 Il y a 8 tables à la cantine. Autour de chaque table, il y a 6 chaises. Combien d'élèves peuvent déjeuner en même temps à la cantine ?

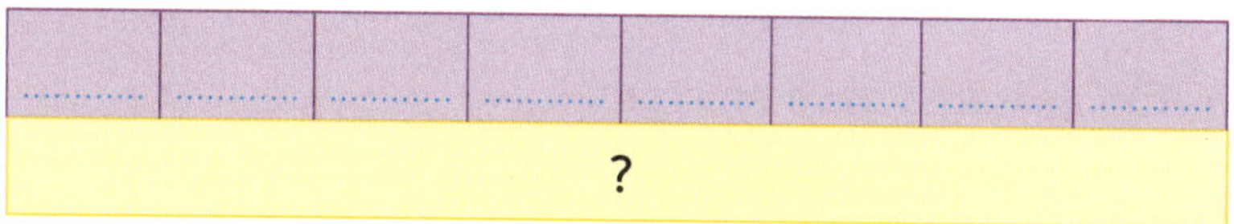

a. Complète le schéma.

b. Écris un calcul avec + ou × et **calcule** : .... = ...

c. Écris la phrase réponse :

3 Léa colle des photos dans un album. L'album compte 10 pages. Chaque page peut recevoir 10 photos. Quel est le nombre total de photos que Léa peut coller dans son album ?

a. Dessine le schéma.

b. Écris un calcul avec + ou × et **calcule** : .... = ...

c. Écris la phrase réponse :

Connaître les unités de mesure des masses

1 **Complète** avec l'unité qui convient : *g*, *kg* ou *t*.

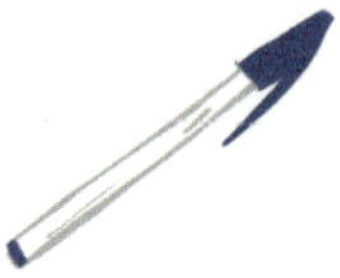

a. Une vache pèse environ 700 ....

b. Un stylo pèse environ 10 ....

c. Une camionette pèse environ 1 ....

d. Une baleine bleue pèse environ 150 ....

2 **Entoure** la seule réponse possible.

a. Ton cartable pèse environ :	4 t	4 g	4 kg	40 kg
b. Un yaourt pèse environ :	12 kg	1 250 g	125 g	125 kg
c. Un grand cheval peut peser :	100 kg	1 000 g	1 t	10 t
d. Un lapin nain pèse environ :	1 000 g	10 kg	100 g	100 kg
e. L'éléphant d'Afrique peut peser :	70 t	700 kg	7 000 g	7 000 kg

3 **Convertis** les masses.

1 kg = ... g	1 t = ... kg	3 000 g = ... kg	5 000 kg = ... t
8 t = ... kg	4 kg = ... g	2 000 kg = ... t	9 000 g = ... kg

4 **Range** les masses de la plus légère à la plus lourde.

5 500 kg   5 t   5 000 g   50 kg   450 g   4 kg

.... < .... < .... < .... < .... < ....

CAHIER DU JOUR

5 **Recopie** et **range** les masses de la plus lourde à la plus légère.

85 g   8 500 g   8 kg   8 500 kg   85 t   850 g

47 Connaître les tables de multiplication de 8 et 9

1 **Colorie** les nombres de 8 en 8.

1	2	3	4	5	6	7	8	9	10
11	12	13	14	15	16	17	18	19	20
21	22	23	24	25	26	27	28	29	30
31	32	33	34	35	36	37	38	39	40
41	42	43	44	45	46	47	48	49	50
51	52	53	54	55	56	57	58	59	60
61	62	63	64	65	66	67	68	69	70
71	72	73	74	75	76	77	78	79	80

2 **Complète** la table de 9.

0 × 9 = ...

1 × 9 = ...

2 × 9 = ...

3 × 9 = ...

4 × 9 = ...

5 × 9 = ...

6 × 9 = ...

7 × 9 = ...

8 × 9 = ...

9 × 9 = ...

10 × 9 = ...

3 Ces nombres sont des résultats de la table de 8 ou de 9.
Écris la multiplication qui correspond à chaque produit.

64 = 8 × 8

48 = ...

18 = ...

56 = ...

54 = ...

40 = ...

16 = ...

27 = ...

63 = ...

72 = ...

36 = ...

32 = ...

CAHIER DU JOUR

4 **Recopie** et **complète**.

a. 8 × 7 = ...

b. 9 × .... = 63

c. 9 × 5 = ...

d. 9 × 8 = ...

e. 9 × 6 = ...

f. 8 × 3 = ...

g. 6 × .... = 48

h. 5 × 9 = ...

Calculer en ligne pour grouper ou partager (1)

1 **a.** Il y a 23 billes.
Entoure des paquets de 4 billes.

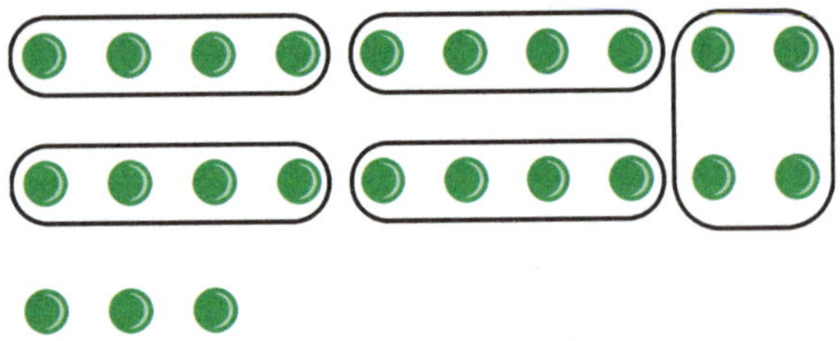

Complète.

Il y a .... paquets de 4 billes

et il reste .... billes.

23 = (5 × 4) + 3

b. Il y a 29 billes.
Entoure des paquets de 8 billes.

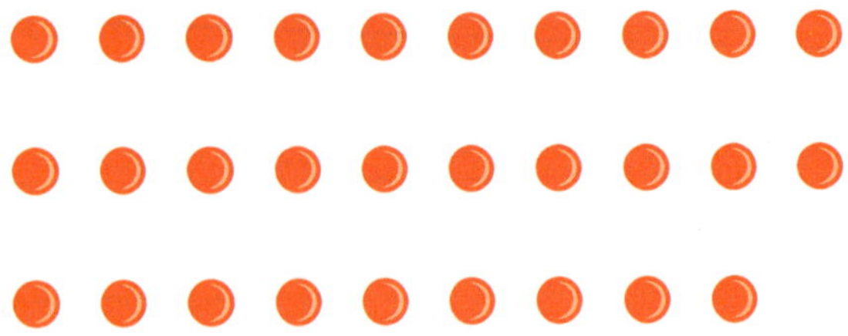

Complète.

Il y a .... paquets de 8 billes

et il reste .... billes.

29 = (........ × ....) + ...

2 **Complète** les égalités à l'aide des tables de multiplication.

2 × 4 = 8	5 × 4 = 20	8 × 4 = 32
3 × 4 = 12	6 × 4 = 24	9 × 4 = 36
4 × 4 = 16	7 × 4 = 28	10 × 4 = 40

a. 9 = (2 × 4) + 1
15 = (........ × 4) + ...
21 = (........ × 4) + ...
26 = (........ × 4) + ...
31 = (........ × 4) + ...
38 = (........ × 4) + ...

2 × 8 = 16	5 × 8 = 40	8 × 8 = 64
3 × 8 = 40	6 × 8 = 48	9 × 8 = 72
4 × 8 = 32	7 × 8 = 56	10 × 8 = 80

b. 43 = (........ × 8) + ...
49 = (........ × 8) + ...
76 = (........ × 8) + ...
55 = (........ × 8) + ...
30 = (........ × 8) + ...
83 = (........ × 8) + ...

CAHIER DU JOUR

3 **Recopie** et **complète.**

a. 26 = (........ × 6) + ...
b. 65 = (........ × 8) + ...
c. 37 = (........ × 9) + ...
d. 48 = (........ × 5) + ...
e. 49 = (........ × 7) + ...
f. 32 = (........ × 3) + 2

9 Problèmes

Matériel : ardoise pour le calcul posé

1 On distribue équitablement les 32 cartes d'un jeu. Il y a 4 joueurs. Combien de cartes chaque joueur reçoit-il ?

?	?	?	?
32			

a. **Écris** un calcul avec + ou × et **calcule** : .... = ...

b. **Écris** la phrase réponse :

2 On cherche le nombre de livres sur une étagère.
72 livres sont rangés sur 8 étagères. Il y a le même nombre de livres sur chaque étagère.

?	?	?	?	?	?	?	?
....							

a. **Complète** le schéma.

b. **Écris** un calcul avec + ou × et **calcule** : .... = ...

c. **Écris** la phrase réponse :

3 Pour le spectacle de l'école, 56 chaises sont disposées sur 7 rangées.
Chaque rangée comporte le même nombre de chaises.
Combien de chaises y a-t-il dans une rangée ?

a. **Dessine** le schéma.

b. **Écris** un calcul avec + ou × et **calcule** : .... = ...

c. **Écris** la phrase réponse :

Décrire et coder un déplacement

1 **Complète** la grille et le tableau avec des flèches et **entoure** la case arrivée.

a. Le dinosaure se déplace d'une case à droite, puis de deux cases vers le bas.

Départ	Parcours	Arrivée
		?

b. Le super-héros se déplace de deux cases vers le bas, puis d'une case à droite.

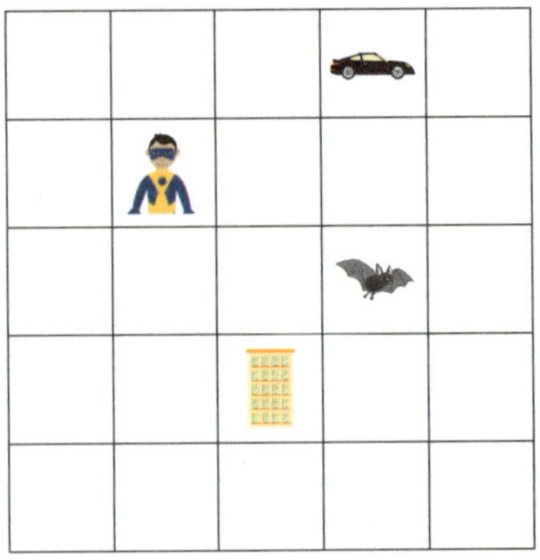

Départ	Parcours	Arrivée
		?

2 **Entoure** le parcours qui permet à l'abeille d'aller jusqu'à la fleur.

Départ	Parcours	Arrivée
	↑ ←	

Départ	Parcours	Arrivée
	↑↑ ←	

3 **Trace** sur la grille un parcours pour aller de la souris au fromage sans rencontrer les chats, puis **écris-le** dans le tableau.

Départ	Parcours	Arrivée

CAHIER DU JOUR

4 **Trace** le parcours sur le quadrillage distribué et **indique** la position du loup.

51 Poser et calculer une multiplication (1)

1 **Calcule.**

	d	u
	2	3
×		2
	4	6

	d	u
	4	2
×		4

	d	u
	3	3
×		3

2 **Pose** et **calcule** les multiplications.

14 × 2 — 23 × 3 — 42 × 2 — 32 × 3

3 **Calcule.**

	c	d	u
		(1)	
		4	5
×			3
	1	3	5

	c	d	u
		( )	
		3	6
×			4
	………	………	………

	c	d	u
		( )	
		3	8
×			5
	………	………	………

4 **Pose** et **calcule.**

56 × 3 — 39 × 4 — 27 × 5 — 47 × 4

CAHIER DU JOUR

5 **Pose** et **calcule.** **a.** 54 × 3 **b.** 42 × 6 **c.** 38 × 2 **d.** 63 × 3

Calculer en ligne pour grouper ou partager (2)

1 **Complète** avec le reste.

a. 26 = (8 × 3) + 2

b. 45 = (7 × 6) + ...

c. 28 = (5 × 5) + ...

d. 14 = (3 × 4) + ...

e. 21 = (2 × 10) + ...

f. 62 = (7 × 8) + ...

g. 31 = (6 × 5) + ...

h. 57 = (9 × 6) + ...

i. 32 = (3 × 10) + ...

2 **Complète** les égalités.

a. 32 = (.......... × 5) + ...

b. 58 = (.......... × 6) + ...

c. 24 = (.......... × 7) + ...

d. 25 = (.......... × 3) + ...

e. 37 = (.......... × 8) + ...

f. 39 = (.......... × 6) + ...

g. 40 = (.......... × 7) + ...

h. 31 = (.......... × 4) + ...

i. 13 = (.......... × 3) + ...

3 **Relie**.

92 divisé par 9 c'est 10 fois 9 et il reste 2	(6 × 6) + 4
59 divisé par 8 c'est 8 fois 7 et il reste 3	(8 × 4) + 3
40 divisé par 6 c'est 6 fois 6 et il, reste 4	(10 × 9) + 2
35 divisé par 4 c'est 8 fois 4 et il reste 3	(8 × 7) + 3
69 divisé par 7 c'est 9 fois 7 et il reste 6	(9 × 7) + 6

4 **Complète**.

a. 20 = (2 × ....) + ...
20 = (3 × ....) + ...
20 = (8 × ....) + ...
20 = (9 × ....) + ...

b. 45 = (7 × ....) + ...
45 = (9 × ....) + ...
45 = (8 × ....) + ...
45 = (6 × ....) + ...

CAHIER DU JOUR

5 **Recopie** et **complète**.

a. 75 = (9 × ....) + ...

b. 50 = (7 × ....) + ...

c. 21 = (3 × ....) + ...

d. 58 = (8 × ....) + ...

e. 93 = (9 × ....) + ...

53 Problèmes

Matériel : ardoise pour le calcul posé

1 Dans une boîte de feutres, il y a 24 feutres.
Combien y a-t-il de feutres dans 4 boîtes ?

24	24	24	24
?			

a. **Écris** un calcul avec + ou × et **calcule** : .... = ...

b. **Écris** la phrase réponse :

2 On cherche le nombre total de pommes.
Une cagette contient 18 pommes.
Il y a 5 cagettes.

....	....	....	....	....
?				

a. **Complète** le schéma.

b. **Écris** un calcul avec + ou × et **calcule** : .... = ...

c. **Écris** la phrase réponse :

3 L'école organise le recyclage des ampoules.
À la fin de l'année, 3 containers sont pleins.
Chaque container contient 48 ampoules.
Combien d'ampoules seront recyclées ?

a. **Dessine** le schéma.

b. **Écris** un calcul avec + ou × et **calcule** : .... = ...

c. **Écris** la phrase réponse :

Je fais le point

Matériel : compas, règle graduée

1 **Range** les nombres du plus grand au plus petit.

8 600 | 869 | 8 599 | 8 499 .... > .... > .... > ....

3 143 | 3 413 | 4 331 | 3 134 .... > .... > .... > ....

2 **Complète.**

a. 9 × 6 = ... | 9 × 4 = ...

6 × 8 = ... | 8 × 10 = ...

8 × 7 = ... | 9 × 9 = ...

4 × 8 = ... | 8 × 5 = ...

b. 29 = (5 × 5) + ...

40 = (.......... × 6) + ...

13 = (.......... × 3) + ...

3 **Trace** un cercle de centre O et de rayon 3 cm.

O
×

4 **Pose** et **calcule**.

35 × 6 | 43 × 5 | 29 × 4

5 L'abeille se déplace de :
- deux cases à droite ;
- puis de deux cases vers le bas ;
- puis d'une case à gauche ;
- et enfin d'une case vers le bas.

a. Dessine son parcours sur le quadrillage.

b. Écris son parcours avec des flèches et **dessine** la fleur sur laquelle elle arrive.

Départ	Parcours	Arrivée

55 Connaître les nombres jusqu'à 9 999 (3)

1 **Écris** les décompositions et le nombre représenté.

a.

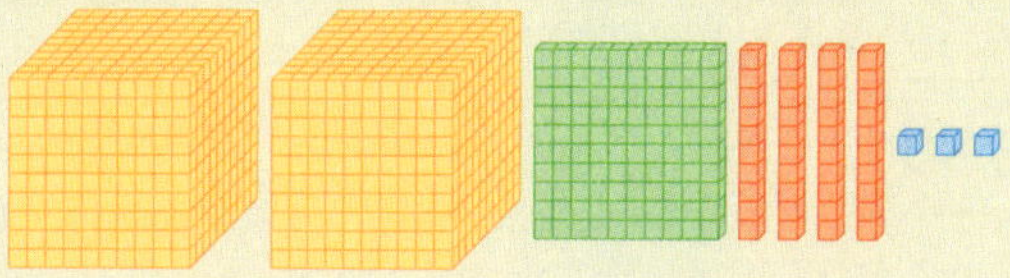

(1 000 × 2) + (100 × 1) + (10 × 4) + 3

= 2 000 + 100 + 40 + 3

= 2 143

b.

(1 000 × ......) + (100 × ......) + (10 × ......) + ...

= .... + ... + ... + ...

= ....

2 **Écris** le nombre en chiffres.

a. (1 000 × 5) + (100 × 1) + (10 × 4) = 5 140

b. 6 + (100 × 3) + (1 000 × 8) + (10 × 2) = ...

c. (1 000 × 8) + (10 × 7) + 9 = ...

3 **Décompose** chaque nombre.

a. 5 437 = (1 000 × ......) + (100 × ......) + (10 × ......) + ...

b. 9 004 = ...

c. 1 067 = (............ × ......) + (............ × ......) + (............ × ......) + ...

4 **Écris** deux décompositions pour chaque nombre.

a. 3 456

= 3 000 + 400 + 50 + 6

= (1 000 × 3) + (100 × 4) + (10 × 5) + 6

b. 7 600

= ....

= ....

c. 8 051

= ....

= ....

d. 903

= ....

= ....

CAHIER DU JOUR

5 **Écris** deux décompositions pour chaque nombre, comme dans l'exercice 4.

a. 2 549 **b.** 6 980 **c.** 677 **d.** trois-mille-deux-cent-quatre-vingt-douze

56 Placer des nombres sur une droite graduée (2)

1 **Observe** la droite graduée et **complète**.

Chaque graduation représente .... unités.

2 **Place** les nombres suivants sur la droite graduée.

4 700 6 000 5 800 6 600 4 900

3 **Complète** les étiquettes.

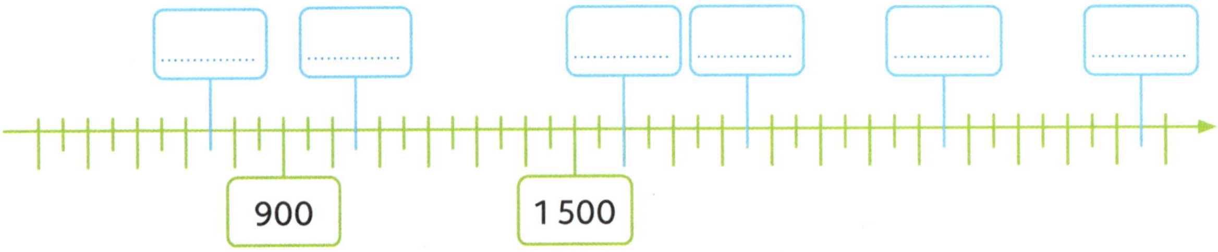

4 **Complète** les étiquettes.

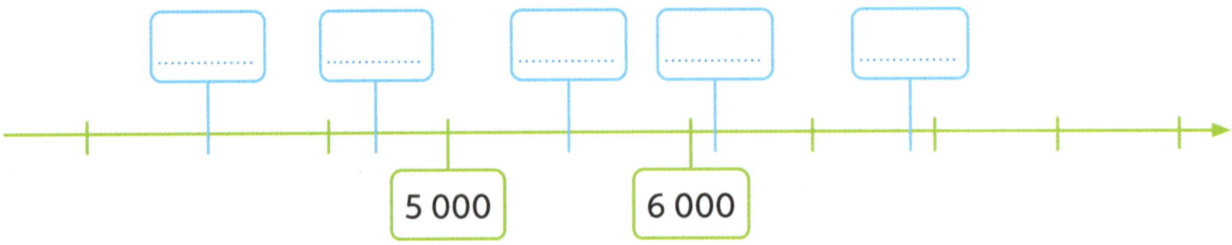

CAHIER DU JOUR

5 **Place** les nombres suivants sur la droite graduée distribuée.

4 500 7 000 3 800 5 200 7 700 4 300

57 Problèmes

Matériel : ardoise pour le calcul posé

1 Sur le trombinoscope de l'école, il y a 4 rangées de 26 photos et 19 photos sur la dernière rangée.
Combien y a-t-il de photos en tout ?

Étape 1 : Nombre de photos dans les rangées complètes

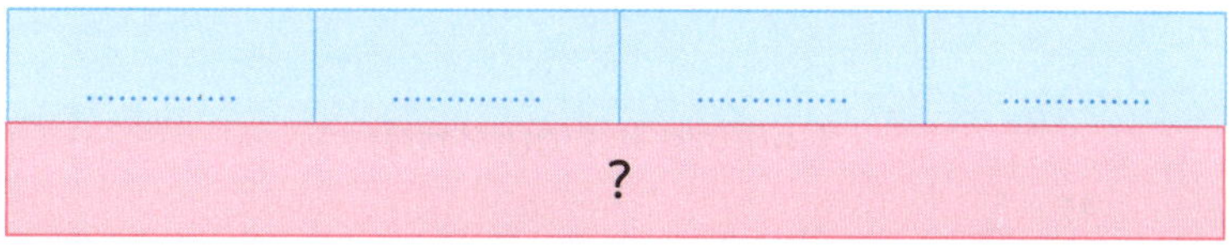

a. Écris un calcul avec + ou × et **calcule** : .... = ...

Étape 2 : Nombre total de photos

b. Complète le schéma.

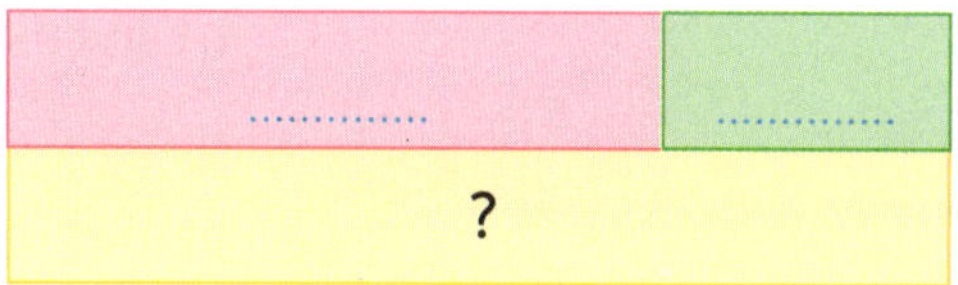

c. Écris un calcul avec + ou − et **calcule** : .... = ...

d. Écris la phrase réponse :

2 On cherche le nombre total de cartes.
8 élèves reçoivent chacun 12 cartes. Il reste 37 cartes dans la pioche.

Étape 1 : nombre de cartes distribuées

a. Dessine le schéma.

b. Écris un calcul avec + ou × et **calcule** : .... = ...

Étape 2 : nombre total de cartes

c. Dessine le schéma.

d. Écris un calcul avec + ou − et **calcule** : .... = ...

e. Écris la phrase réponse :

58 Repérer un rang, une position

1 **Complète.**

a.

Le livre est ouvert à la 1 513e page.

Il y a 1 512 pages avant.

b.

Le livre est ouvert à la .... page.

Il y a .... pages avant.

c.

Le livre est ouvert à la .... page.

Il y a .... pages depuis la page 200.

2 **Complète.**

a. Il y a .... nombres avant le cinquantième nombre.

b. Il y a .... nombres avant le 590e.

c. Il y a .... nombres entre le six-centième et le millième nombre.

d. Il y a .... nombres entre le 95e et le 120e nombre.

2 **Écris** en chiffres les rangs suivants :

a. troisième : ....

b. cinq-mille-cinquième : ....

c. vingtième : ....

d. deux-mille-cinq-cent-treizième : ....

e. trois-cent-dixième : ....

f. huit-cent-soixante-dix-septième : ....

4 4 317 coureurs participent à un marathon.
Réponds aux questions.

a. Quelle est la position de l'avant-dernier coureur ? ....

b. Combien y a-t-il de coureurs avant le 2 345e ? ....

c. Combien y a-t-il de coureurs entre le 300e et le dernier ? ....

CAHIER DU JOUR

5 **Recopie** et **écris** en chiffres les rangs suivants.

a. trente-cinquième b. six-cent-douzième c. quatre-millième

d. mille-trois-cent-quatre-vingt-dix-huitième

Calculer en ligne des sommes (4)

1 **Regroupe** les centaines pour faire mille et **calcule**.

a. 2 700 + 1 200 + 4 300
= 2 700 + 1 200 + 4 000 + 300
= 2 700 + 300 + 4 000 + 1 000 + 200
= 3 000 + 5 000 + 200
= 8 200

b. 1 500 + 1 300 + 2 200
= ....
= ....
= ....
= ....

c. 3 500 + 800 + 1 500
= ....
= ....
= ....
= ....

d. 4 900 + 70 + 2 100
= ....
= ....
= ....
= ....

2 **Réorganise** pour calculer plus facilement puis **calcule**.

a. 4 800 + 1 300 + 3 200
= 4 800 + ... + ... + ...
= .... + ... + ...
= .... + ...
= ....

b. 1 500 + 3 700 + 1 300
= ....
= ....
= ....
= ....

c. 500 + 2 300 + 4 200
= ....
= ....
= ....
= ....

d. 1 800 + 4 100 + 2 200
= ....
= ....
= ....
= ....

CAHIER DU JOUR

3 **Recopie** et **calcule**.

a. 1 000 + 1 600 + 2 400 b. 6 900 + 500 + 1 100 c. 4 300 + 2 500 + 2 200

Calculer en ligne un produit (2)

1 Complète et calcule.

a. 3 × 45

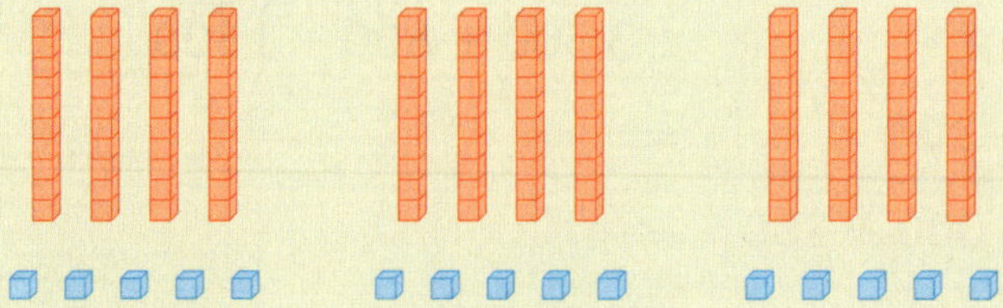

3 × 45
= (3 × 40) + (3 × 5)
= 120 + 15
= 135

b. 2 × 216

2 × 216
= (2 × ....) + (2 × ....) + (2 × ....)
= .... + ... + ...
= ....

2 Complète et calcule.

a. 5 × 74
= (70 × 5) + (........ × ....)
= .... + ...
= ....

b. 9 × 53
= (........ × ....) + (........ × ....)
= .... + ...
= ....

c. 4 × 248
= (........ × ....) + (........ × ....) + (........ × ....)
= .... + ... + ...
= ....

d. 179 × 2
= (........ × ....) + (........ × ....) + (........ × ....)
= .... + ... + ...
= ....

3 Décompose et calcule.

a. 12 × 4
= ....
= ....
= ....

b. 142 × 2
= ....
= ....
= ....

c. 5 × 36
= ....
= ....

d. 4 × 625
= ....
= ....

CAHIER DU JOUR

4 Recopie et calcule.

a. 89 × 7 **b.** 6 × 63 **c.** 328 × 2 **d.** 3 × 452

61 Problèmes

Matériel : ardoise pour le calcul posé

1 On relève le défi de 1 000 bouteilles recyclées. On a déjà recyclé 9 sacs contenant chacun 50 bouteilles et 7 cartons contenant chacun 65 bouteilles.
Quel nombre de bouteilles faut-il encore recycler pour gagner le défi ?

Étape 1 : Nombre total de bouteilles dans les sacs

a. **Complète** le schéma.

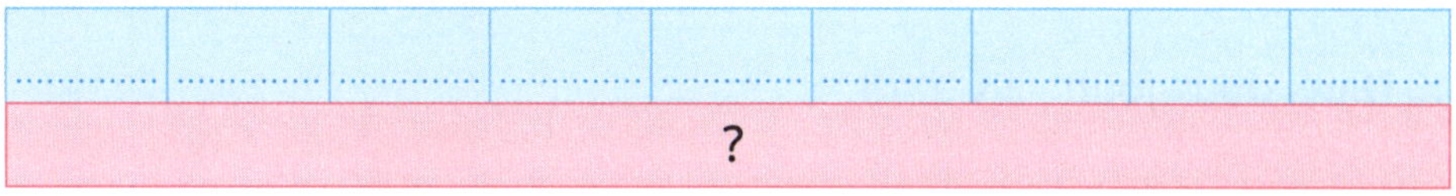

b. **Écris** un calcul avec + ou × et **calcule** : .... = ...

Étape 2 : Nombre total de bouteilles dans les cartons

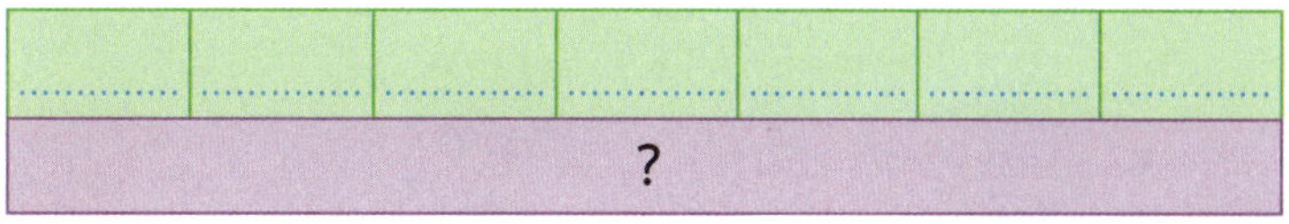

c. **Complète** le schéma.

d. **Écris** un calcul avec + ou × et **calcule** : .... = ...

Étape 3 : Nombre de bouteilles manquantes pour réussir le défi

e. **Complète** le schéma.

f. **Écris** un calcul avec + ou − et **calcule** : .... = ...

g. **Écris** la phrase réponse :

2 Le club de ping-pong achète 8 boîtes de 150 balles au début de l'année.
À la fin de l'année, il reste 208 balles neuves.
Combien de balles ont été utilisées dans l'année ?

Étape 1 : Nombre de balles achetées

a. **Dessine** le schéma.

b. **Écris** un calcul avec + ou × et **calcule** :

.... = ...

Étape 2 : Nombre total de balles utilisées

c. **Dessine** le schéma.

d. **Écris** un calcul avec + ou − et **calcule** : .... = ...

e. **Écris** la phrase réponse :

62 Connaître les unités de mesure des durées (1)

1 **Complète** avec les mots : *jours*, *heures*, *minutes* ou *secondes*.

a. Un match de rugby dure 80 ....

b. Il y a 7 .... dans une semaine.

c. Certains athlètes arrivent à courir 100 mètres en moins de 10 ....

d. Dans deux jours, il y a 48 ....

2 **Relie** chaque action à sa durée.

un tour de la Terre sur elle-même •

la chute d'une pomme •

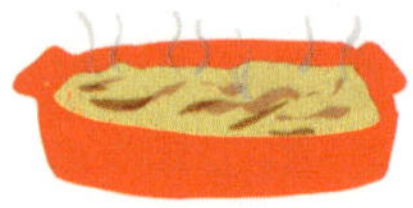
la cuisson d'un gratin •

une course de marathon •

• environ 2 s

• 1 jour

• plus de 4 h

• environ 60 min

3 **Complète** les équivalences de durées.

a. 1 semaine = ... jours

b. 1 heure = ... minutes

c. 1 jour = ... heures

d. 1 minute = ... secondes

4 **Relie** les durées équivalentes.

3 600 s •	
30 min •	• 1 heure
2 demi-heures •	
2 quarts d'heure •	
60 min •	• 1 demi-heure
4 quarts d'heure •	

CAHIER DU JOUR

5 **Recopie** et **complète** avec = ou ≠.

a. 1 j ...... 48 h   b. 100 min ...... 1 h   c. un quart d'heure ...... 15 min   d. 60 s ...... 1 min

3 Connaître les unités de mesure des durées (2)

1 **Colorie** en **vert** les étiquettes qui valent un **mois**,
en **jaune** celles qui valent une **année**.

30 jours	365 jours	52 semaines	4 semaines
12 mois	28 jours	5 semaines	31 jours

2 **Complète.**

a. Le 1er siècle a commencé en l'an 1 et s'est terminé en l'an 100.

b. Le 2e siècle a commencé en l'an .... et s'est terminé en l'an ....

c. Le 1er millénaire a commencé en l'an .... et s'est terminé en l'an ....

d. Le 2e millénaire a commencé en l'an .... et s'est terminé en l'an ....

3 **Écris** le siècle correspondant à chaque date.

a. 481 : 5e siècle | c. 1214 : .... siècle | e. 1492 : .... siècle

b. 1792 : .... siècle | d. 1914 : .... siècle | f. 2023 : .... siècle

4 **Écris** dans quel siècle les événements suivants se situent.

Premier smartphone
2007

.... siècle

Invention
de l'imprimerie
1455

.... siècle

Invention
du télescope
1672

.... siècle

Construction
de la tour Eiffel
1889

.... siècle

CAHIER DU JOUR

5 **Recopie** et **complète**.

a. 1 siècle = ... ans b. 1 année = ... jours c. 1 millénaire = ... ans.

d. L'année 1804 appartient au .... siècle.

e. Cette année, nous sommes dans le .... millénaire.

64 Poser et calculer une multiplication avec retenue

1 **Calcule.**

	c	d	u
	(1)	(2)	
	1	3	8
×			3
	4	1	4

	c	d	u
	◯	◯	
	2	3	7
×			4
	.	.	.

	c	d	u
	◯	◯	
	3	4	5
×			2
	.	.	.

2 **Pose** et **calcule.**

186 × 4

43 × 7

157 × 6

3 **Calcule.**

	m	c	d	u
		(2)	(4)	
		3	4	8
×				5
	1	7	4	0

	m	c	d	u
		(3)	(1)	
		2	6	3
×				6
	.	.	.	.

	c	d	u
	(....)	(....)	
	1	3	7
×			7
	.	.	.

4 **Pose** et **calcule.**

619 × 5

875 × 4

213 × 3

CAHIER DU JOUR

5 **Pose** et **calcule** : 365 × 7.

Problèmes

Matériel : ardoise pour le calcul posé

1 Alice a 56 billes. Sacha a 6 fois plus de billes qu'Alice.
Combien de billes Sacha possède-t-il ?

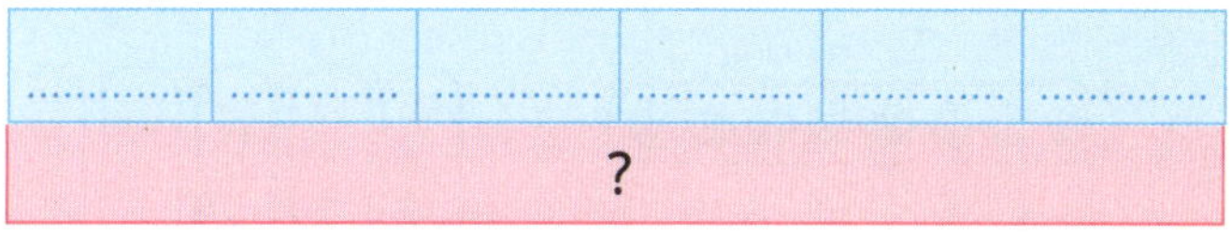

a. **Complète** le schéma.

b. **Écris** un calcul avec + ou × et **calcule** : .... = ...

c. **Écris** la phrase réponse :

2 On cherche le nombre de pommes ramassées par la classe de CE2.
Lors de la classe verte, les élèves de CE2 ont ramassé 3 fois plus de pommes que les élèves de CM1.
Les CM1 ont ramassé 377 pommes.

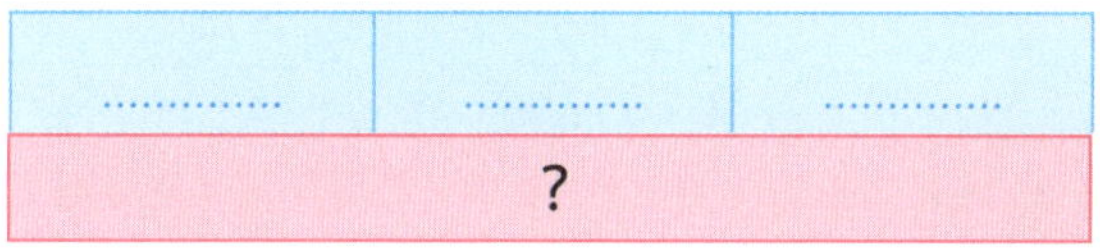

a. **Complète** le schéma.

b. **Écris** un calcul avec + ou × et **calcule** : .... = ...

c. **Écris** la phrase réponse :

3 Pour le carnaval de l'école, on achète 106 masques et 5 fois plus de ballons.
Combien de ballons a-t-on achetés ?

a. **Dessine** le schéma.

b. **Écris** un calcul avec + ou × et **calcule** : .... = ...

c. **Écris** la phrase réponse :

Connaître le signe de la division

1 **Complète.**

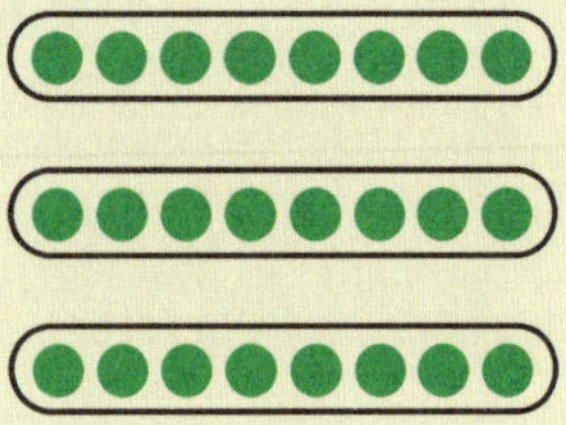

24 : 3 = 8

3 × 8 = 24

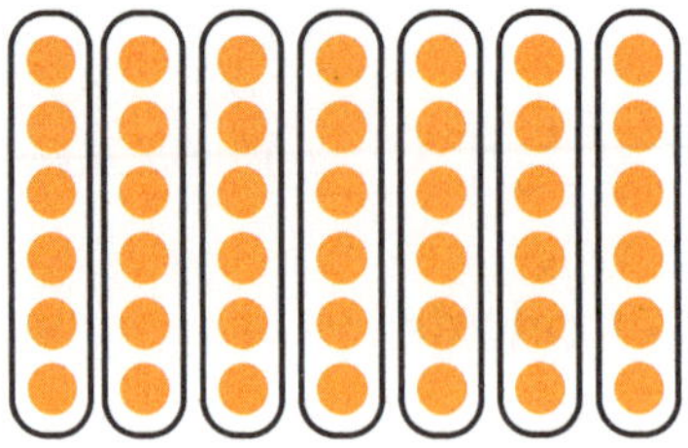

42 : 7 = ...

7 × .... = 42

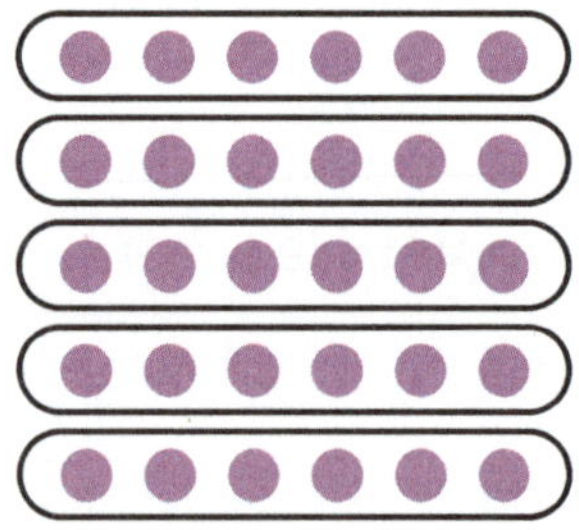

.... : 5 = ...

5 × .... = ...

2 **Calcule** et **complète.**

a. 12 : 6 = ...

6 × .... = 12

b. 36 : 4 = ...

4 × .... = 36

c. 24 : 3 = ...

3 × .... = 24

d. 49 : 7 = ...

7 × .... = 49

e. 18 : 6 = ...

6 × .... = 18

f. 48 : 8 = ...

8 × .... = 48

3 **Calcule** chaque multiplication puis **écris** la division correspondante.

a. 4 × 5 = 20

20 : 5 = 4 | 20 : 4 = 5

b. 3 × 9 = ...

...... : ...... = ... | ...... : ...... = ...

c. 2 × 7 = ...

...... : ...... = ... | ...... : ...... = ...

d. 6 × 8 = ...

...... : ...... = ... | ...... : ...... = ...

CAHIER DU JOUR

4 **Recopie** et **calcule.**

a. 45 : 5 = ...

b. 28 : 7 = ...

c. 63 : 9 = ...

d. 60 : 6 = ...

e. 16 : 4 = ...

f. 27 : 3 = ...

67 Reconnaître un axe de symétrie

Matériel : règle

1 **Entoure** les dessins sur lesquels la droite rouge est un axe de symétrie.

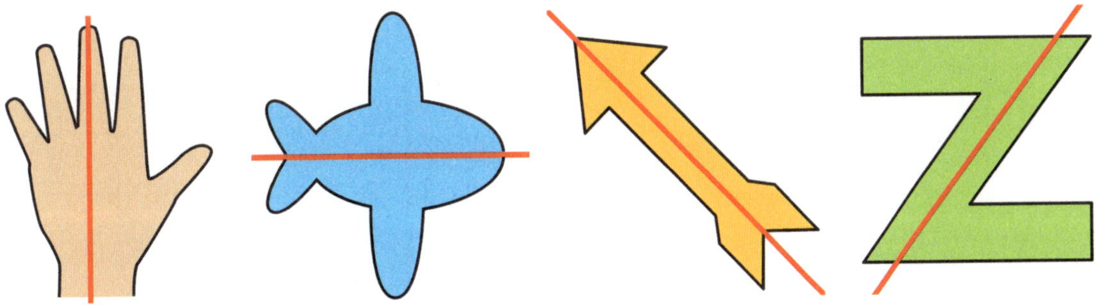

2 Avec ta règle, **trace** l'axe de symétrie des figures qui en ont un.

3 Toutes ces figures ont plusieurs axes de symétrie.
Avec ta règle, **trace** tous les axes.

a.

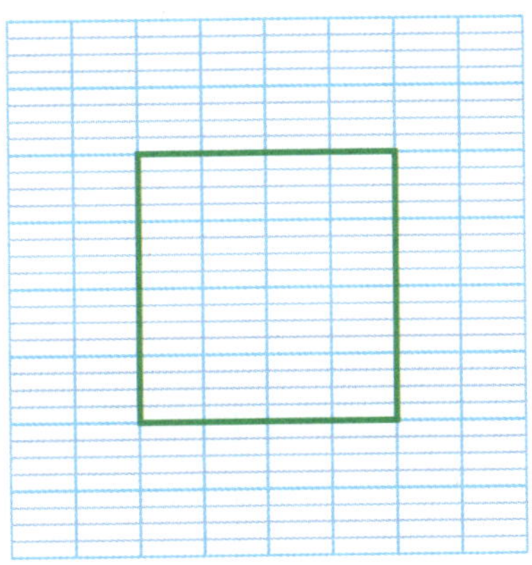

b.

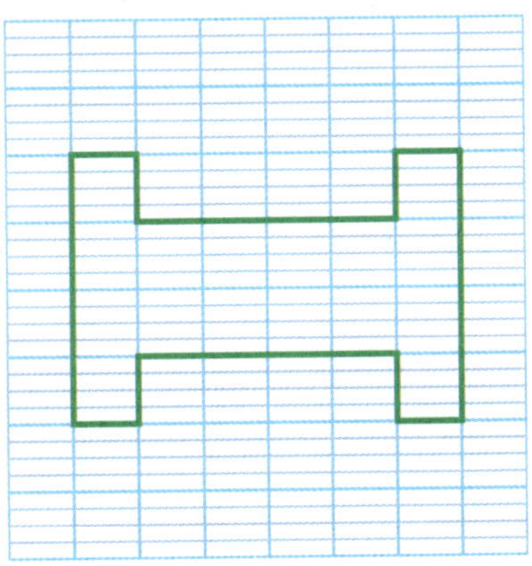

c.

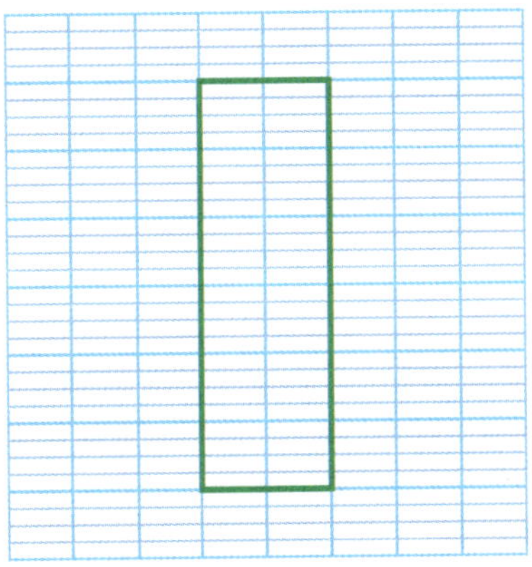

CAHIER DU JOUR

4 **Trace** les axes de symétrie des lettres et des chiffres sur la feuille distribuée.

Compléter une figure par symétrie

Matériel : règle

1 **Reporte** les sommets de la figure, puis **relie-les**.

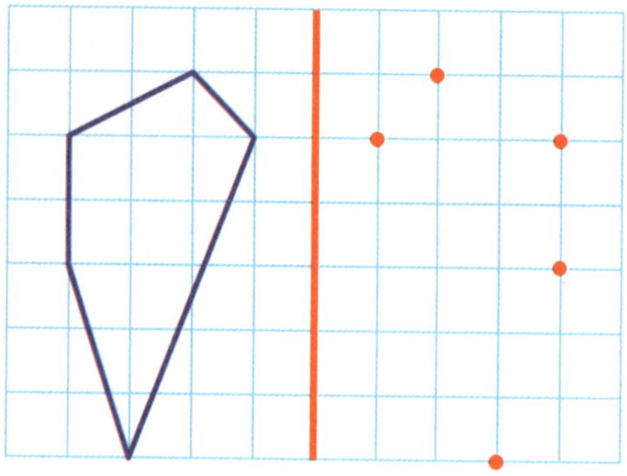

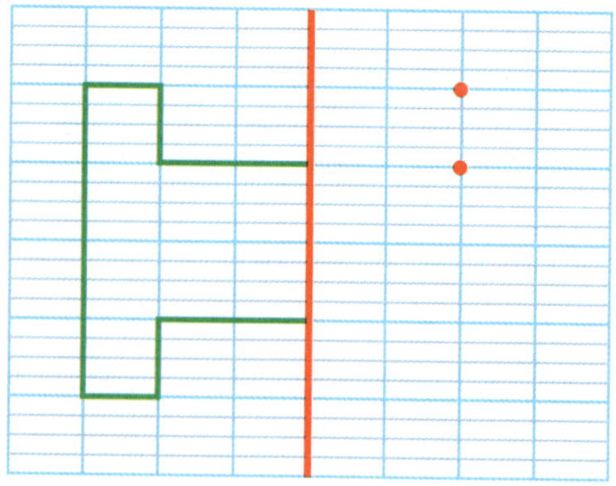

2 **Complète** chaque figure en respectant la symétrie.

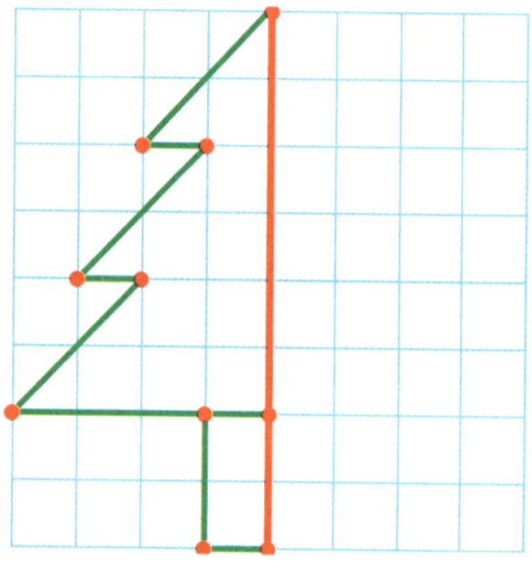

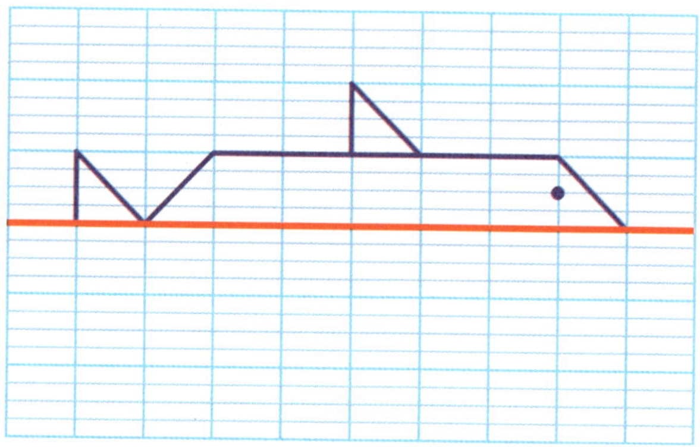

3 **Trace** le symétrique de chaque figure par rapport à l'axe rouge.

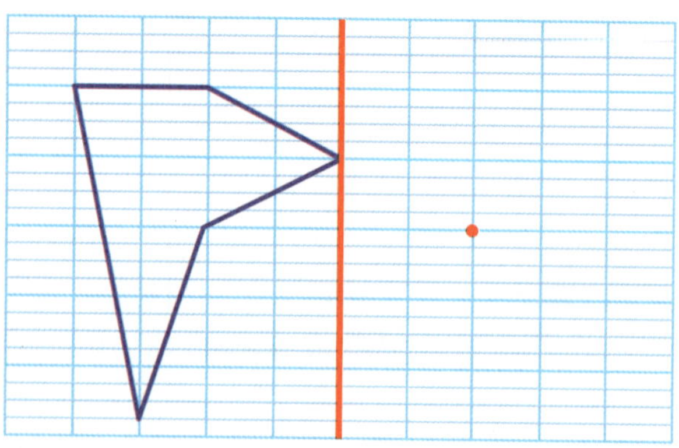

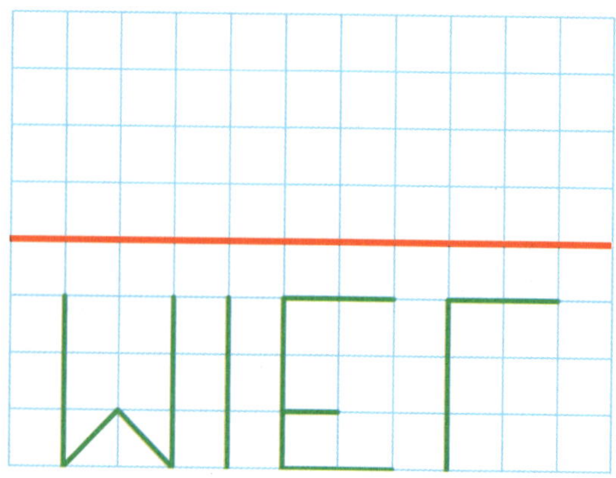

CAHIER DU JOUR

4 **Complète** la figure distribuée pour qu'elle soit symétrique.

Problèmes

Matériel : ardoise pour le calcul posé

1 La grand-mère de Léo a 49 ans. Léo est 7 fois moins âgé que sa grand-mère. Quel âge a Léo ?

a. **Complète** le schéma.

b. **Écris** un calcul avec × ou : et **calcule** : …………………………………… = …………

c. **Écris** la phrase réponse :

2 Au club d'athlétisme, il y a 63 coureurs de vitesse et 9 fois moins de coureurs de marathon. Combien y a-t-il de coureurs de marathon ?

a. **Complète** le schéma.

b. **Écris** un calcul avec × ou : et **calcule** : …………………………………… = …………

c. **Écris** la phrase réponse :

3 On cherche le nombre de canettes recyclées.
On a recyclé 32 bouteilles et 4 fois moins de canettes.

a. **Dessine** le schéma.

b. **Écris** un calcul avec × ou : et **calcule** : …………………………………… = …………

c. **Écris** la phrase réponse :

Reproduire des figures

Matériel : règle, équerre, compas

1 **Reproduis** les figures en prenant leurs mesures et en utilisant les instruments indiqués.

a. Avec la règle.

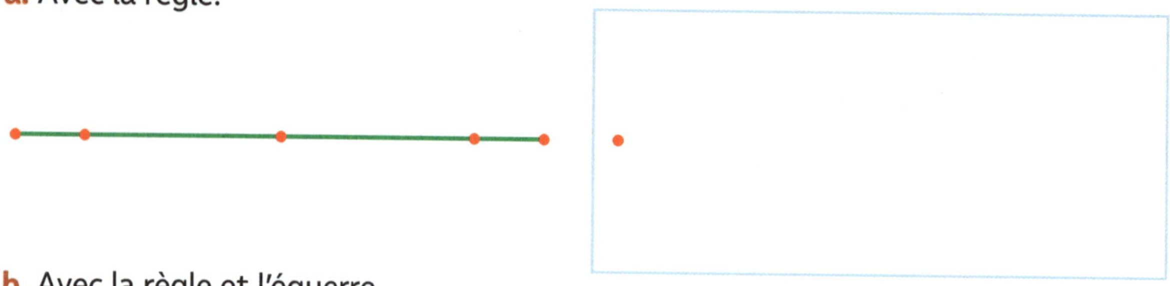

b. Avec la règle et l'équerre.

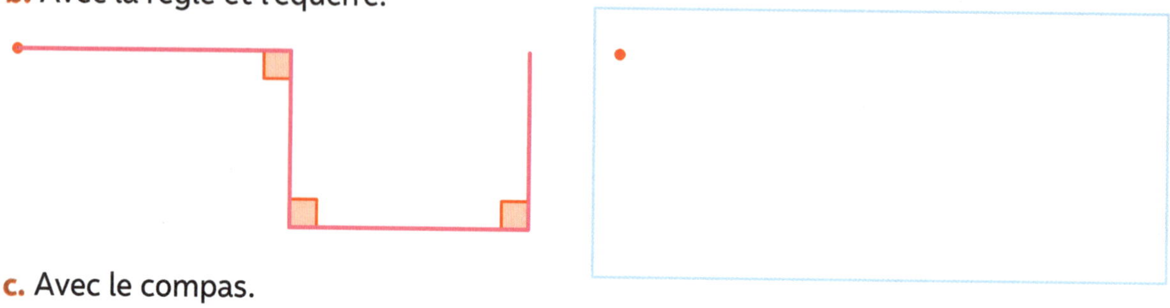

c. Avec le compas.

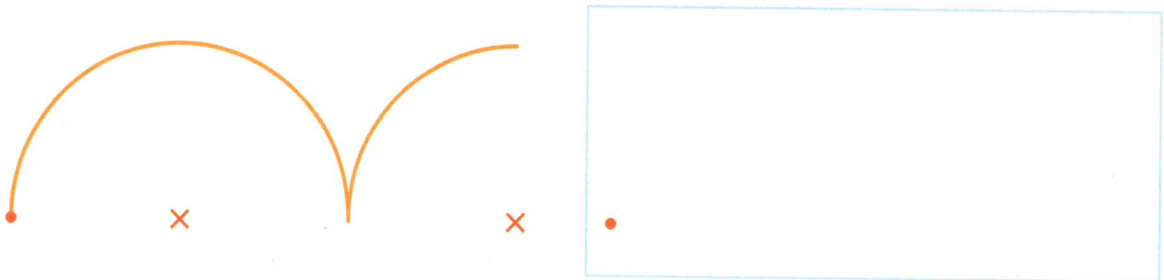

2 **Reproduis** les figures en prenant leurs mesures.

a.

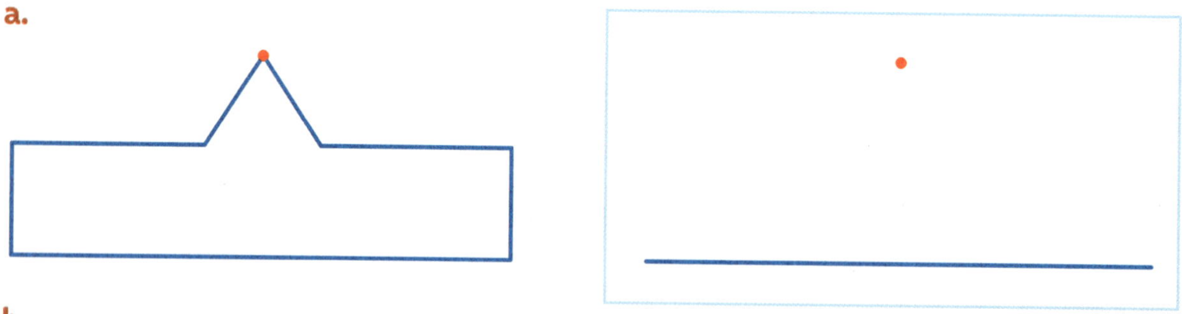

b.

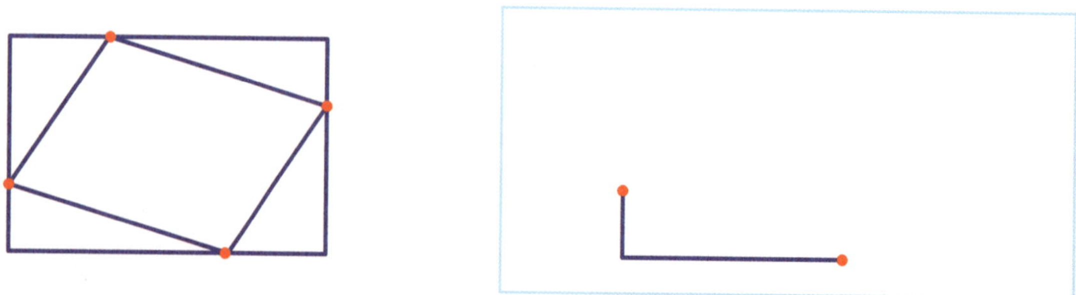

CAHIER DU JOUR

3 **Reproduis** la figure distribuée.

71 Connaître les unités de mesure des longueurs (1)

1 **Relie** les longueurs équivalentes.

100 cm • 10 cm • 10 mm • 100 dm • 10 dm • 1 000 mm • 100 mm

1 m • 1 dm • 1 cm

2 **Complète.**

a. 4 m = ... cm

b. 8 000 cm = ... dm

c. 10 dm = ... cm

d. 9 m = ... dm

e. 900 cm = ... m

f. 90 cm = ... dm

g. 50 m = ... dm

h. 70 cm = ... dm

i. 10 m = ... dm

3 **Écris** la mesure de longueur dans le tableau puis **complète**.

a.

m	dm	cm
mètre	décimètre	centimètre
8	7	3

873 cm = 8 m 73 cm = 8 m 7 dm 3 cm

b.

m	dm	cm
mètre	décimètre	centimètre
....	....	....

54 dm = ... dm .... cm = ... m .... dm .... cm

c.

m	dm	cm
mètre	décimètre	centimètre
....	....	....

3 m 93 cm = ... cm = ... m .... dm .... cm

CAHIER DU JOUR

4 **Recopie** et **complète**.

a. 300 cm = ... m

b. 60 cm = ... dm

c. 7 m 47 dm = ... cm

d. 403 cm = ... m .... dm .... cm

e. 76 dm = ... m .... dm .... cm

1 **Décompose.**

a. 3 467 = (........ × ....) + (........ × ....) + (........ × ....) + ...

b. 1 004 = (........ × ....) + (........ × ....) + (........ × ....) + ...

c. 8 602 = (........ × ....) + (........ × ....) + (........ × ....) + ...

d. 9 999 = (........ × ....) + (........ × ....) + (........ × ....) + ...

2 **Calcule.**

a. 312 × 4

= (...... × ......) + (...... × ......) + (...... × ......)

= .... + ... + ...

= ....

b. 108 × 5

= (...... × ......) + (...... × ......) + (...... × ......)

= .... + ... + ...

= ....

3 **Complète.**

a. 5 m = ... cm

b. 1 m 60 cm = ... cm

c. 70 mm = ... cm

d. 2 jours = ... h

e. 1 min = ... s

f. 1 an = ... jours

g. 1 siècle = ... ans

4 **Calcule** et **complète** la multiplication correspondante.

12 : 3 = ...	20 : 4 = ...	30 : 5 = ...	70 : 7 = ...
3 × .... = 12	4 × .... = 20	5 × .... = 30	7 × .... = 70

5 **Coche** le dessin sur lequel la droite rouge est un axe de symétrie.

a.

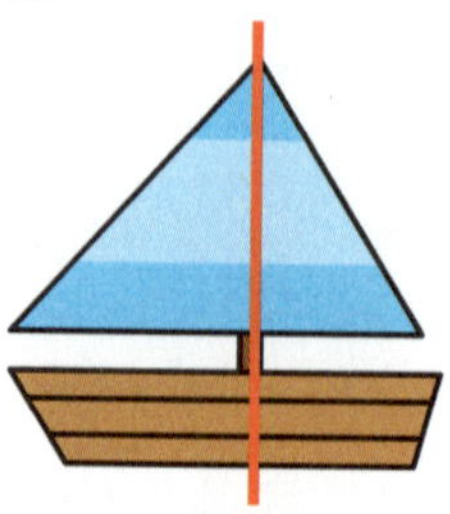

☐

b.

☐

6 **Trace** les axes de symétrie du rectangle avec ta règle.

3 Découvrir le nombre 10 000

1 **Place** les nombres suivants sur la droite graduée.

1 000 5 000 9 000 10 000

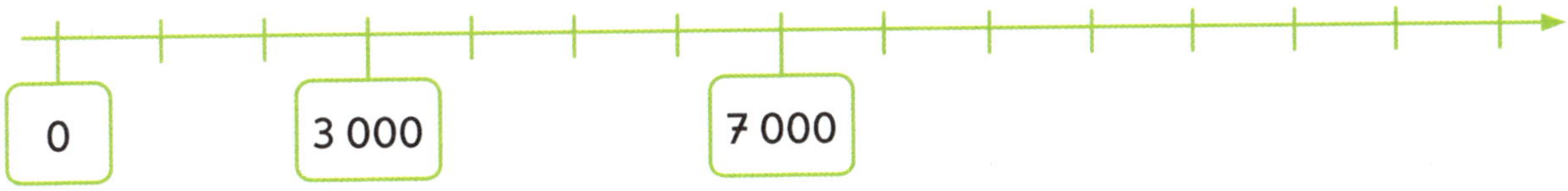

2 **Complète.**

a. 10 000 c'est 10 000 unités

b. 10 000 c'est .... dizaines

c. 10 000 c'est .... centaines

d. 10 000 c'est .... milliers

3 **Colorie** toutes les étiquettes qui représentent le nombre 10 000.

1 millier | 100 centaines | 10 milliers | 1 000 dizaines

1 000 + 1 000 + 1 000 + 1 000 + 1 000 + 1 000 + 1 000 + 1 000 + 1 000 + 1 000

90 centaines et 100 dizaines | 1 000 centaines | $10 \times 1\,000$

4 **Complète** les égalités.

6 000 + 4 000 = 10 000	5 000 + ... = 10 000	9 000 + ... = 10 000
9 999 + ... = 10 000	9 900 + ... = 10 000	9 500 + ... = 10 000

CAHIER DU JOUR

5 **Recopie** et **complète**.

a. 10 000 c'est 70 centaines et .... centaines.

b. 10 000 c'est 500 dizaines et .... dizaines.

c. 10 000 c'est 8 000 unités et .... unités.

Poser et calculer une multiplication (2)

1 **Complète** et **calcule.**

	m	c	d	u	
			① ②		
		3	2	7	
×			2	3	
		① 9	8	1	← **3** × 327
+	① 6	5	4	•	← **20** × 327
	7	5	2	1	

	m	c	d	u	
		◯ ◯	◯ ◯		
		2	7	9	
×			3	5	
	.	.	.	.	← **5** × 279
+	.	.	.	•	← **30** × 279
	.	.	.	.	

2 **Calcule** les multiplications.

		3	2	4
×			1	2
		.	.	.
	.	.	.	•
	.	.	.	.

			5	9
×			4	3
		.	.	.
	.	.	.	•
	.	.	.	.

		1	0	8
×			6	9
		.	.	.
	.	.	.	•
	.	.	.	.

3 **Pose** et **calcule** les multiplications.

235 × 26

209 × 41

768 × 13

CAHIER DU JOUR

4 **Pose** et **calcule.**

a. 341 × 25 **b.** 81 × 24 **c.** 238 × 35

Problèmes

Matériel : ardoise pour le calcul posé

1 Pour la fête de l'école, la directrice achète 130 sachets de 45 ballons et 98 paquets contenant chacun 25 guirlandes en papier.
Combien de décorations pourront être accrochées ?

Étape 1 : Nombre de ballons

a. **Écris** un calcul avec × et **calcule** : ....

Étape 2 : Nombre de guirlandes

b. **Écris** un calcul avec × et **calcule** : ....

Étape 3 : Nombre total de décorations

c. **Écris** un calcul et **calcule** : ....

d. **Écris** la phrase réponse :

2 Sur le marché, un producteur a vendu 34 cageots de melons et 64 barquettes de nectarines. Un cageot compte 12 melons et une barquette 8 nectarines.
Combien de fruits le producteur a-t-il vendus ?

Étape 1 : Nombre de melons

a. **Écris** un calcul avec × et **calcule** : ....

Étape 2 : Nombre de nectarines

b. **Écris** un calcul avec × et **calcule** : ....

Étape 3 : Nombre total de fruits vendus

c. **Écris** un calcul et **calcule** : ....

d. **Écris** la phrase réponse :

76 Connaître les unités de mesure des longueurs (2)

1 **Complète** le tableau.

× 1 000

km	6	…………	4	…………	5
m	6 000	8 000	…………	7 000	…………

2 **Complète** les équivalences.

a. 5 km = ………… m

b. 2 km 300 m = ………… m + ………… m = ………… m

c. 8 km 700 m = ………… m + ………… m = ………… m

d. 8 500 m = ………… km ………… m

e. 9 705 m = ………… km ………… m

f. 7 050 m = ………… km ………… m

3 **Compare** les longueurs en utilisant >, < ou =.

a. 3 000 m ……… 4 km

b. 1 km ……… 905 m

c. 5 km ……… 5 000 m

d. 2 810 m ……… 3 km

e. 2 km 300 m ……… 2 000 m

f. 5 km 500 m ……… 5 500 m

4 **Range** les longueurs dans l'ordre croissant.

10 km • 1 000 m • 1 km 100 m • 5 km 500 m • 5 100 m

………………… < ………………… < ………………… < ………………… < …………………

CAHIER DU JOUR

5 **Recopie** et **complète**.

a. 3 000 m = ……… km

b. 7 km 600 m = ……… m

c. 6 km = ……… m

d. 7 km 470 m = ……… m

e. 4 400 m = ……… km ……… m

f. 1 km 200 m = ……… m

7 Calculer en ligne un produit (3)

1 **Complète** et **calcule**.

9 × 45
= (10 × 45) – (1 × 45)
= 450 – 45
= 405

9 × 37
= (10 × ....) – (1 × ....)
= .... – ....
= ....

99 × 8
= (100 × ....) – (1 × 8)
= .... – ....
= ....

2 **Calcule** les multiplications.

a. 9 × 25
= ....
= ....
= ....

b. 99 × 2
= ....
= ....
= ....

c. 36 × 9
= ....
= ....
= ....

d. 5 × 99
= ....
= ....
= ....

3 **Complète** et **calcule**.

98 × 5
= (100 × 5) – (2 × 5)
= 500 – 10
= 490

18 × 7
= (20 × ....) – (2 × ....)
= .... – ....
= ....

48 × 3
= (50 × ....) – (2 × ....)
= .... – ....
= ....

4 **Calcule** les multiplications.

a. 28 × 4
= ....
= .... = ...

b. 98 × 8
= ....
= .... = ...

c. 68 × 8
= ....
= .... = ...

d. 18 × 9
= ....
= .... = ...

CAHIER DU JOUR

5 **Recopie** et **calcule**.

99 × 6   38 × 5   9 × 72   98 × 4

78 Calculer en ligne un produit (4)

1 **Colorie** de la même couleur les écritures équivalentes.

6 + 6 + 6 + 6 | 9 + 9 + 9 | 9 × 3 | 5 × 2 | 4 × 6

2 + 2 + 2 + 2 + 2 | 4 + 4 + 4 + 4 + 4 + 4 | 3 × 9 | 5 + 5

3 + 3 + 3 + 3 + 3 + 3 + 3 + 3 + 3 | 6 × 4 | 2 × 5

2 **2. Complète.**

a. 8 + 8 + 8 + 8
= 4 × 8
= 8 × 4
= 32

b. 7 + 7 + 7 + 7 + 7
= ……
= ……
= ……

c. 5 + 5 + 5
= ……
= ……
= ……

d. 9 + 9
= ……
= ……
= ……

3 **2. Complète** et **calcule.**

a. 231 × 7
= (200 × 7) + (30 × 7) + (1 × 7)
= 1 400 + 210 + 7
= 1 617

b. 456 × 3
= (…… × ……) + (…… × ……) + (…… × ……)
= …… + …… + ……
= ……

4 **Décompose** et **calcule.**

a. 56 × 9
= ……
= ……
= ……

b. 197 × 5
= ……
= ……
= ……

CAHIER DU JOUR

5 **Recopie** et **calcule.** **a.** 312 × 8 **b.** 69 × 3 **c.** 543 × 7 **d.** 390 × 6

Problèmes

Matériel : ardoise pour le calcul posé

1 Une école a récolté 4 688 bouchons pour les recycler.
Les bouchons sont stockés dans 9 cartons contenant chacun 510 bouchons.
Combien de bouchons reste-t-il hors des cartons ?

Étape 1 : Nombre de bouchons dans les cartons

a. **Dessine** le schéma.

b. **Écris** un calcul avec + ou × et **calcule** : ……………………………

Étape 2 : Nombre de bouchons hors des cartons

c. **Dessine** le schéma.

d. **Écris** un calcul avec + ou – et **calcule** : ……………………………

e. **Écris** la phrase réponse :

2 On veut coller 2 077 photos dans des albums. Un album complet contient 245 photos. On remplit 8 albums complétement et on commence un 9e album.
Quel nombre de photos sera rangé dans le 9e album ?

Étape 1 : Nombre de photos dans les huit premiers albums

a. **Dessine** le schéma.

b. **Écris** un calcul avec + ou × et **calcule** : ……………………………

Étape 2 : Nombre de photos dans le neuvième album

c. **Dessine** le schéma.

d. **Écris** un calcul avec + ou – et **calcule** : ……………………………

e. **Écris** la phrase réponse :

Calculer en ligne pour grouper ou partager (3)

1 **Partage** équitablement les jetons en 5 parts égales, puis **complète** les calculs.

23 : 5 = ?

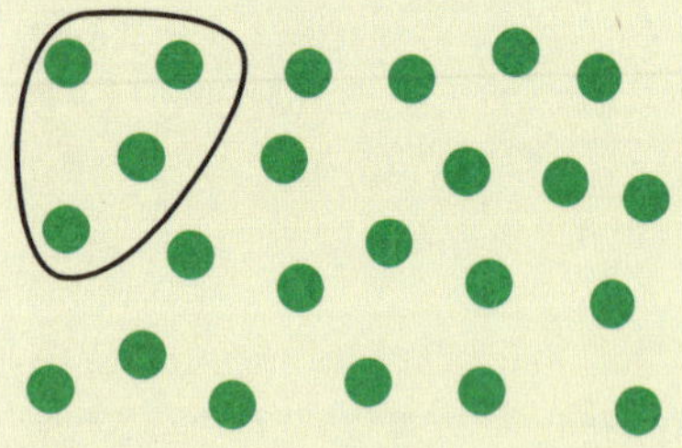

23 = (5 × 4) + 3

23 : 5 = 4 reste 3

47 : 5 = ?

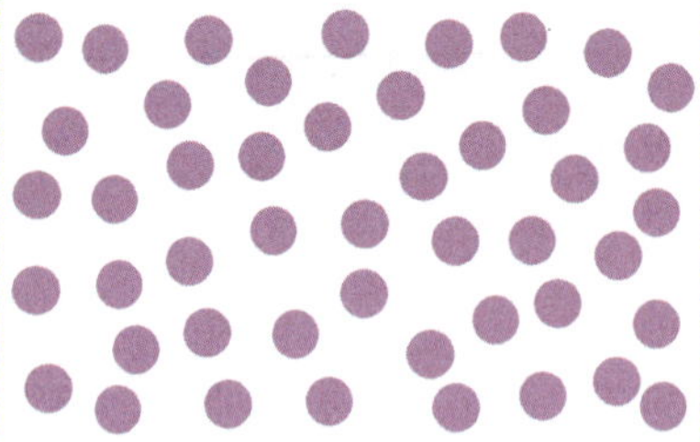

47 = (5 × ……) + ……

47 : 5 = …… reste ……

51 : 5 = ?

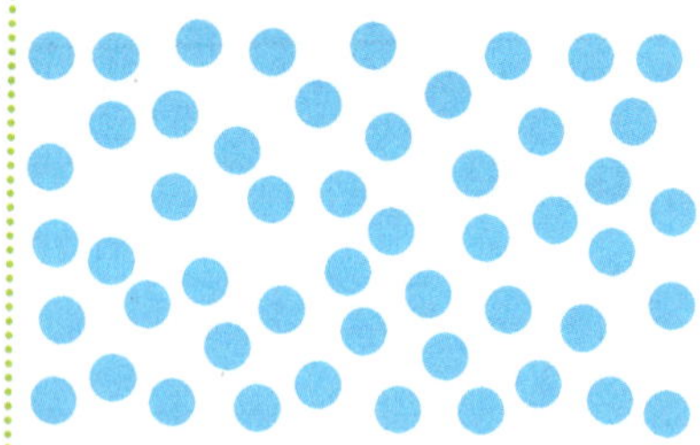

51 = (5 × ……) + ……

51 : 5 = …… reste ……

2 **Complète**.

a. 19 = (3 × 6) + 1
19 : 3 = 6 reste 1
19 : 6 = 3 reste 1

b. 37 = (7 × ……) + 2
37 : 7 = …… reste ……
37 : …… = …… reste ……

c. 52 = (8 × ……) + ……
52 : …… = …… reste ……
52 : …… = …… reste ……

3 **Complète** les opérations.

a. 83 = (8 × 10) + 3

b. 67 = (9 × 7) + ……

c. 31 = (4 × 7) + ……

d. 82 = (9 × 9) + ……

e. 46 = (8 × 5) + ……

f. 52 = (6 × 8) + ……

4 **Calcule**.

a. 38 : 4
38 = (4 × 9) + 2
38 : 4 = 9 reste 2

b. 43 : 5 = ?
……
……

c. 87 : 9
……
……

d. 19 : 2
……
……

e. 65 : 7
……
……

f. 50 : 6
……
……

CAHIER DU JOUR

5 **Recopie** et **calcule**.

a. 39 : 3 b. 74 : 8 c. 37 : 5 d. 79 : 8

31 Décrire des solides

1 **Écris** à la bonne place le nom de chaque solide : *un cube, un pavé droit, une pyramide, un cylindre, un cône, une boule.*

a. ....

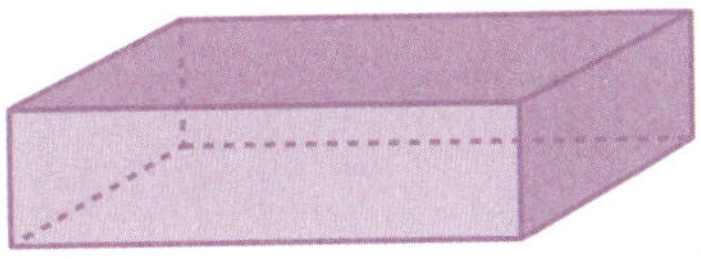

b. ....

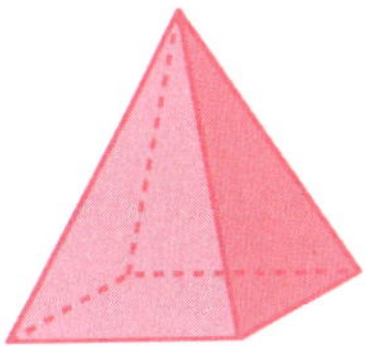

c. ....

d. ....

e. ....

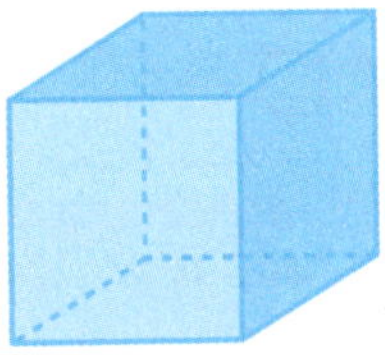

f. ....

2 **Complète** avec *face, sommet, arête.*

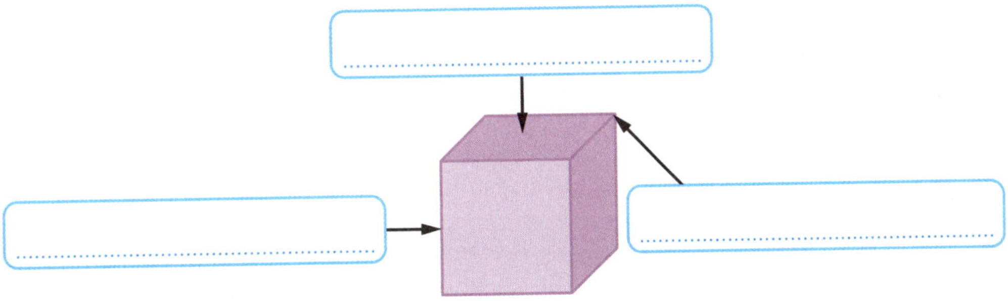

3 **Complète** le tableau.

	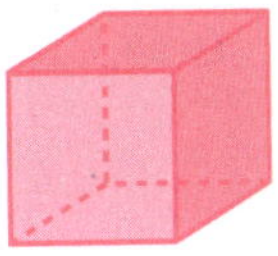		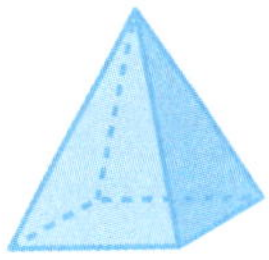
Faces	6	....	....
Sommets	....	....	....
Arêtes	....	....	....

CAHIER DU JOUR

4 **Recopie** et **complète** la description du pavé droit sur la fiche distribuée.

Connaître le patron du cube

1 **Coche** tous les patrons correspondant à un cube.

A ☐

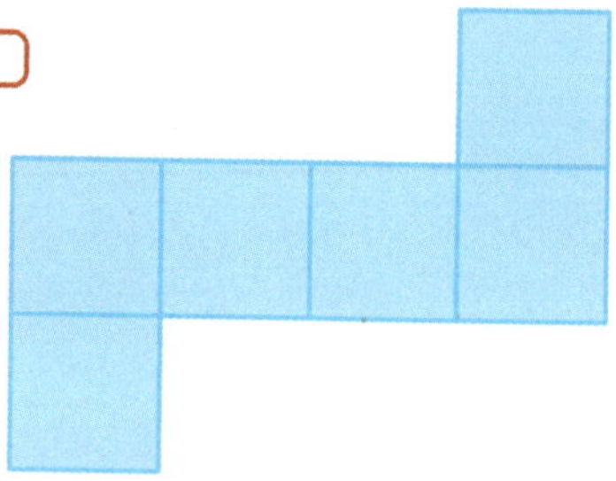

B ☐

C ☐

D ☐

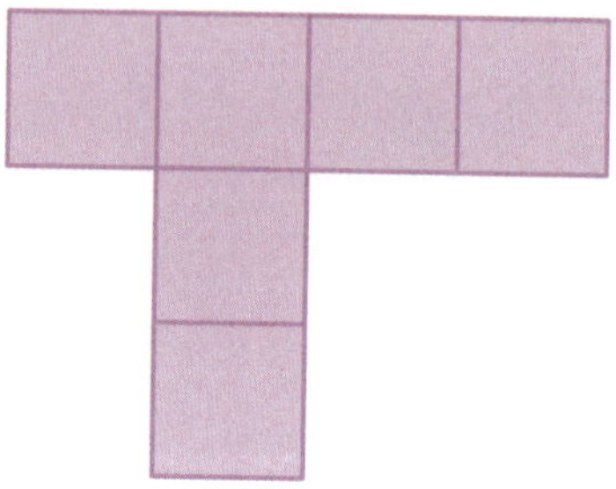

2 **Complète**.

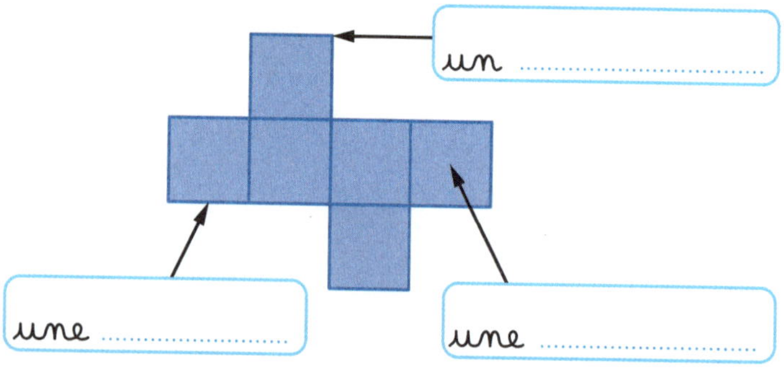

Nombre de faces : ....

Nombres de sommets : ....

Nombre d'arêtes : ....

3 **Complète** la figure pour obtenir le patron d'un cube.

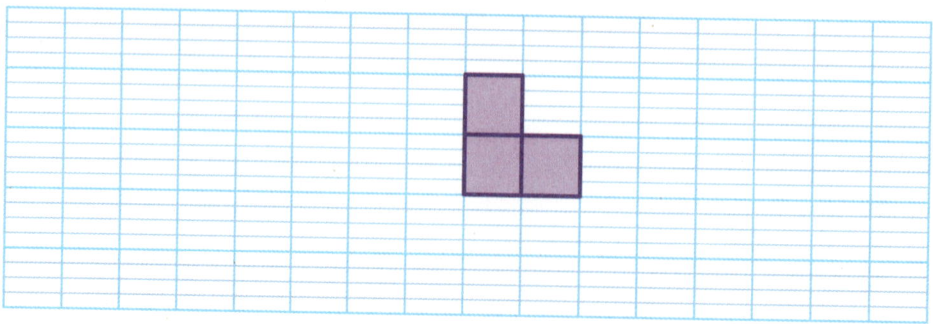

CAHIER DU JOUR

4 **Recopie** et **complète** la description du cube sur la fiche distribuée.

Problèmes

Matériel : ardoise pour le calcul posé

1 Au club de basket, il y a 45 joueurs.
L'entraineur constitue 9 équipes avec le même nombre de joueurs.
Combien de joueurs y aura-t-il par équipe ?

a. **Dessine** le schéma.

b. **Écris** un calcul avec × ou : et **calcule** : ....

c. **Écris** la phrase réponse :

2 On cherche le nombre de billes dans chaque sac.
Léo a 72 billes. Il les range équitablement dans 8 sacs.

a. **Dessine** le schéma.

b. **Écris** un calcul avec × ou : et **calcule** : ....

c. **Écris** la phrase réponse :

3 Avec 48 roses, une fleuriste compose 6 bouquets identiques.
Quel est le nombre de roses par bouquet ?

a. **Dessine** le schéma.

b. **Écris** un calcul avec × ou : et **calcule** : ....

c. **Écris** la phrase réponse :

84 Connaître les unités de mesure des contenances

1 **Complète** les phrases avec l'unité qui convient : *L*, *dL* ou *cL*.

a. Une brique de lait contient 1 .... de lait.

b. Une canette contient 33 .... de jus de fruits.

c. Un biberon peut contenir 2 .... de lait.

d. Dans une baignoire pleine, il y a environ 300 .... d'eau.

e. Le réservoir d'une chasse d'eau contient environ 8 .... d'eau.

2 **Relie** chaque objet à sa contenance.

1 cL | 3 000 L | 5 dL | 8 L

3 **Colorie** les contenances plus grandes que 1 litre.

102 cL | 150 cL | 1 500 cL | 9 dL | 30 cL | 12 dL

CAHIER DU JOUR

4 **Recopie** et **complète** avec l'unité de mesure qui convient.

a. Une bouteille de jus de fruit a une contenance de 1 ....

b. Une petite gourde d'eau a une contenance de 50 ....

35 Diviser par 10 ou par 100

1 **Complète.**

a.

18 × 10 = 180	37 × 10 = ...	25 × 10 = ...	80 × 10 = ...
180 : 10 = 18	.... : 10 = 37	.... : 10 = 25	.... : 10 = ...

b.

18 × 100 = 1 800	37 × 100 = ...	25 × 100 = ...	80 × 100 = ...
1 800 : 100 = 18	.... : 100 = 37	.... : 100 = 25	.... : 100 = 80

2 **Calcule** les divisions.

160 : 10 = ...	580 : 10 = ...	2 700 : 10 = ...	1 000 : 10 = ...
400 : 100 = ...	9 900 : 100 = ...	8 000 : 100 = ...	5 000 : 100 = ...

3 **Complète.**

a. 563 : 10
563 = (56 × 10) + 3
563 : 10 = 56 reste 3

b. 809 : 100
809 = (........ × 100) + ...
809 : 100 = ... reste ....

c. 3 005 : 10
3 005 = (........ × 10) + ...
3 005 : 10 = ... reste ....

d. 5 003 : 100
5 003 = (........ × 100) + ...
5 003 : 100 = ... reste ....

4 **Calcule.**

a. 310 : 100
310 = (3 × 100) + 10
310 : 100 = 3 reste 10

b. 4 309 : 100
....
....

c. 800 : 100
....
....

d. 908 : 100
....
....

e. 6 004 : 100
....
....

f. 5 050 : 100
....
....

CAHIER DU JOUR

5 **Recopie** et **calcule**.

a. 63 : 10 **b.** 1 200 : 100 **c.** 902 : 10 **d.** 6 004 : 100 **e.** 5 043 : 100

Diviser par 25 ou par 50

1 **Complète.**

a. 18 × 25
= (18 × 5) × 5
= 90 × 5
= 450
donc
450 : 25
450 : 5 = 90
90 : 5 = 18
donc 450 : 25 = 18

b. 30 × 25
= (30 × 5) × ....
= .... × 5
= ....
donc
750 : 25
.... : 5 = ...
.... : 5 = ...
donc .... : 25 = 30

c. 25 × 25
= (.......... × ....) × ....
= .... × ....
= ....
donc
625 : 25
.... : 5 = ...
.... : 5 = ...
donc .... : 25 = 25

2 **Complète** le tableau.

(: 5 → : 5)

500 : 25	500	100	20	500 : 25 = 20
300 : 25	300			
1 000 : 25				
750 : 25				

3 **Calcule** les divisions.

a. 550 : 50
550 : 10 = 55
55 : 5 = 11
donc 550 : 50 = 11

b. 1 000 : 50
....
....
donc 1 000 : 50 = ...

c. 750 : 50
....
....
donc 750 : 50 = ...

4 **Complète** les phrases.

a. Diviser par 25, c'est diviser par ...., puis encore par ....

b. Diviser par ...., c'est diviser par 10 puis encore par 5.

CAHIER DU JOUR

5 **Recopie** et **calcule**.

a. 200 : 25 **b.** 200 : 50 **c.** 600 : 25 **d.** 600 : 50

Problèmes

Matériel : ardoise pour le calcul posé

1 On veut ranger 500 photos dans des albums.
Combien d'albums de 100 photos peut-on remplir ?
Combien d'albums de 50 photos peut-on remplir ?

Nombre d'albums de 100 photos

a. **Dessine** le schéma.

b. **Écris** un calcul avec × ou : et **calcule** : ....

c. **Écris** la phrase réponse :

Nombre d'albums de 50 photos

d. **Dessine** le schéma.

e. **Écris** un calcul avec × ou : et **calcule** : ....

f. **Écris** la phrase réponse :

2 250 personnes participent à une course.
Trouve le nombre d'équipes de 25 coureurs que l'on peut faire.
Même question pour des équipes de 50 coureurs.

Nombre d'équipes de 25 coureurs

a. **Dessine** le schéma.

b. **Écris** un calcul avec × ou : et **calcule** : ....

c. **Écris** la phrase réponse :

Nombre d'équipes de 50 coureurs

d. **Dessine** le schéma.

e. **Écris** un calcul avec × ou : et **calcule** : ....

f. **Écris** la phrase réponse :

88 Connaître les relations entre L, dL et cL

1 **Complète.**

a. 1 L = ... dL = ... cL

b. Un demi-litre = ... dL = ... cL

2 **Complète** les égalités.

a. 2 L = ... dL b. .... L = 40 dL c. 6 L = ... dL d. .... L = 100 dL

3 **Convertis.**

a. 8 L 3 dL = 80 dL + 3 dL = 83 dL

b. 7 L 6 dL = ... dL + ... dL = ... dL

c. .... L .... dL = ... dL + ... dL = 45 dL

4 **Complète** les égalités.

a. 3 L = ... cL b. .... L = 700 cL c. 5 L = ... cL d. .... L = 1 200 cL

5 **Convertis.**

a. 3 L 15 cL = 300 cL + 15 cL = 315 cL

b. 8 L 60 cL = ... cL + ... cL = ... cL

c. 5 L 2 cL = ... cL + ... cL = ... cL

d. .... L .... cL = ... cL + ... cL = 708 cL

CAHIER DU JOUR

6 **Recopie** et **complète.**

a. 1 L 3 dL = ... dL + ... dL = ... dL

b. 2 L 54 cL = ... cL + ... cL = ... cL

c. 677 cL = ... cL + ... cL = ... L cL

1 **Complète** et **calcule** les multiplications.

a.

			5	6
×			2	3

← .... × 56
← .... × 56

b.

		2	1	6
×			3	4

← .... × 216
← .... × 216

2 **Complète**.

a. 325 : 100
325 = 300 + 25
325 = (3 × 100) + 25
325 : 100 = 3 reste 25

b. 432 : 100
432 = ... + ...
432 = (.......... × 100) + ...
432 : 100 = ... reste ....

c. 325 : 100
325 = ... + ...
325 = (.......... × 100) + ...
325 : 100 = ... reste ....

3 **Complète**.

a. 1 km = ... m

b. 1 km 609 m = ... m

c. .... km .... m = 8 848 m

d. .... km .... m = 7 382 m

4 **Complète** avec l'unité qui convient : *L*, *dL* ou *cL*.

a. 10 dL = 100 .... = 1 ....

b. 3 L = 300 .... = 30 ....

c. 500 cL = 50 .... = 5 ....

d. 440 dL = 44 .... = 4 400 ....

5 **Complète**.

Dans un pavé droit il y a :
- .... sommets ;
- .... arêtes ;
- .... faces.

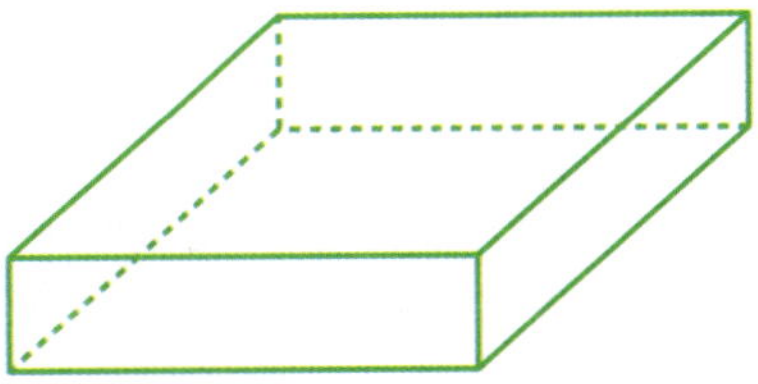

6 **Complète** avec l'unité qui convient : *m* ou *km*.

a. La distance entre Brest et Strasbourg est d'environ 900 ....

b. Jade habite à environ 500 .... de l'école.

Directrice éditoriale : Emmanuelle Lucazeau
Édition : Sophie Lauret
Direction artistique : Pierre Taillemite
Coordination artistique : Alexandre Millot

Conception couverture : Delphine Guéchot
Conception maquette intérieure : Delphine Guéchot
Illustration de couverture : Élisa Géhin
Illustrations intérieures : Clémence Itssaga, STDI
Mise en page : STDI
Relecture : Cécile Pouvesle
Fabrication : Laurence Monaï

N° de projet : 10287346 - Dépôt légal : février 2023- Imprimer en France par BLG-TOUL

Tables d'addition

Table de 1

1 + 1 = 2
2 + 1 = 3
3 + 1 = 4
4 + 1 = 5
5 + 1 = 6
6 + 1 = 7
7 + 1 = 8
8 + 1 = 9
9 + 1 = 10
10 + 1 = 11

Table de 2

1 + 2 = 3
2 + 2 = 4
3 + 2 = 5
4 + 2 = 6
5 + 2 = 7
6 + 2 = 8
7 + 2 = 9
8 + 2 = 10
9 + 2 = 11
10 + 2 = 12

Table de 3

1 + 3 = 4
2 + 3 = 5
3 + 3 = 6
4 + 3 = 7
5 + 3 = 8
6 + 3 = 9
7 + 3 = 10
8 + 3 = 11
9 + 3 = 12
10 + 3 = 13

Table de 4

1 + 4 = 5
2 + 4 = 6
3 + 4 = 7
4 + 4 = 8
5 + 4 = 9
6 + 4 = 10
7 + 4 = 11
8 + 4 = 12
9 + 4 = 13
10 + 4 = 14

Table de 5

1 + 5 = 6
2 + 5 = 7
3 + 5 = 8
4 + 5 = 9
5 + 5 = 10
6 + 5 = 11
7 + 5 = 12
8 + 5 = 13
9 + 5 = 14
10 + 5 = 15

Table de 6

1 + 6 = 7
2 + 6 = 8
3 + 6 = 9
4 + 6 = 10
5 + 6 = 11
6 + 6 = 12
7 + 6 = 13
8 + 6 = 14
9 + 6 = 15
10 + 6 = 16

Table de 7

1 + 7 = 8
2 + 7 = 9
3 + 7 = 10
4 + 7 = 11
5 + 7 = 12
6 + 7 = 13
7 + 7 = 14
8 + 7 = 15
9 + 7 = 16
10 + 7 = 17

Table de 8

1 + 8 = 9
2 + 8 = 10
3 + 8 = 11
4 + 8 = 12
5 + 8 = 13
6 + 8 = 14
7 + 8 = 15
8 + 8 = 16
9 + 8 = 17
10 + 8 = 18

Table de 9

1 + 9 = 10
2 + 9 = 11
3 + 9 = 12
4 + 9 = 13
5 + 9 = 14
6 + 9 = 15
7 + 9 = 16
8 + 9 = 17
9 + 9 = 18
10 + 9 = 19

Tables de multiplication

Table de 1	Table de 2	Table de 3	Table de 4	Table de 5
0 × 1 = 0	0 × 2 = 0	0 × 3 = 0	0 × 4 = 0	0 × 5 = 0
1 × 1 = 1	1 × 2 = 2	1 × 3 = 3	1 × 4 = 4	1 × 5 = 5
2 × 1 = 2	2 × 2 = 4	2 × 3 = 6	2 × 4 = 8	2 × 5 = 10
3 × 1 = 3	3 × 2 = 6	3 × 3 = 9	3 × 4 = 12	3 × 5 = 15
4 × 1 = 4	4 × 2 = 8	4 × 3 = 12	4 × 4 = 16	4 × 5 = 20
5 × 1 = 5	5 × 2 = 10	5 × 3 = 15	5 × 4 = 20	5 × 5 = 25
6 × 1 = 6	6 × 2 = 12	6 × 3 = 18	6 × 4 = 24	6 × 5 = 30
7 × 1 = 7	7 × 2 = 14	7 × 3 = 21	7 × 4 = 28	7 × 5 = 35
8 × 1 = 8	8 × 2 = 16	8 × 3 = 24	8 × 4 = 32	8 × 5 = 40
9 × 1 = 9	9 × 2 = 18	9 × 3 = 27	9 × 4 = 36	9 × 5 = 45
10 × 1 = 10	10 × 2 = 20	10 × 3 = 30	10 × 4 = 40	10 × 5 = 50

Table de 6	Table de 7	Table de 8	Table de 9	Table de 10
0 × 6 = 0	0 × 7 = 0	0 × 8 = 0	0 × 9 = 0	0 × 10 = 0
1 × 6 = 6	1 × 7 = 7	1 × 8 = 8	1 × 9 = 9	1 × 10 = 10
2 × 6 = 12	2 × 7 = 14	2 × 8 = 16	2 × 9 = 18	2 × 10 = 20
3 × 6 = 18	3 × 7 = 21	3 × 8 = 24	3 × 9 = 27	3 × 10 = 30
4 × 6 = 24	4 × 7 = 28	4 × 8 = 32	4 × 9 = 36	4 × 10 = 40
5 × 6 = 30	5 × 7 = 35	5 × 8 = 40	5 × 9 = 45	5 × 10 = 50
6 × 6 = 36	6 × 7 = 42	6 × 8 = 48	6 × 9 = 54	6 × 10 = 60
7 × 6 = 42	7 × 7 = 49	7 × 8 = 56	7 × 9 = 63	7 × 10 = 70
8 × 6 = 48	8 × 7 = 56	8 × 8 = 64	8 × 9 = 72	8 × 10 = 80
9 × 6 = 54	9 × 7 = 63	9 × 8 = 72	9 × 9 = 81	9 × 10 = 90
10 × 6 = 60	10 × 7 = 70	10 × 8 = 80	10 × 9 = 90	10 × 10 = 100

L'horloge

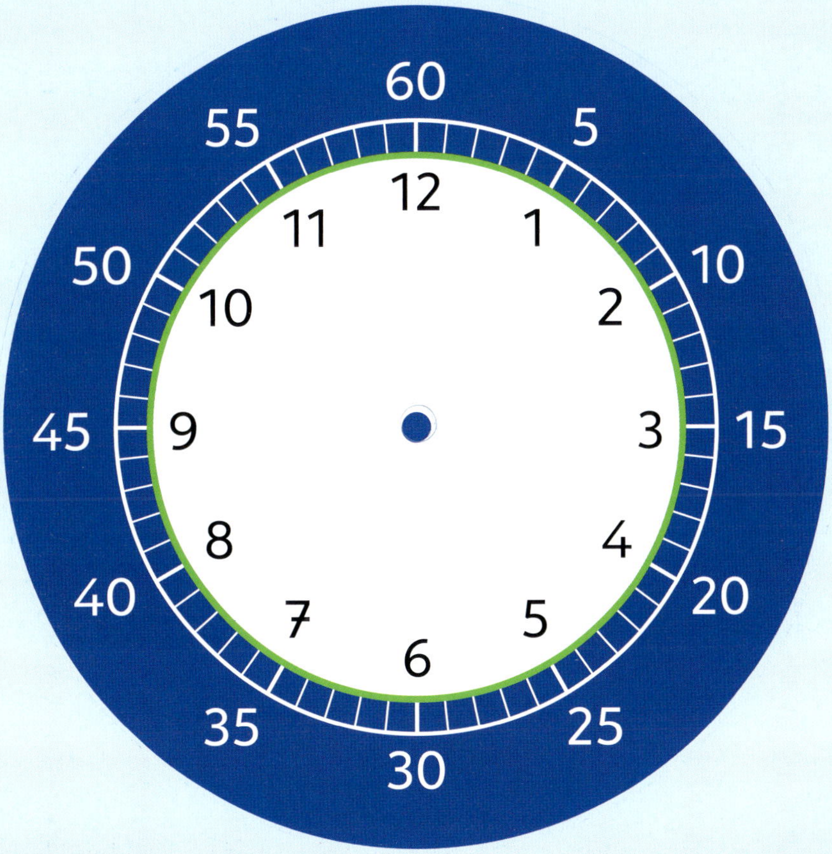

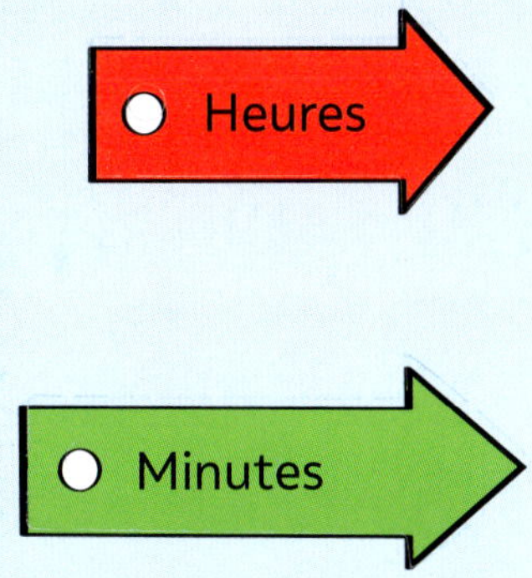

Le patron du cube

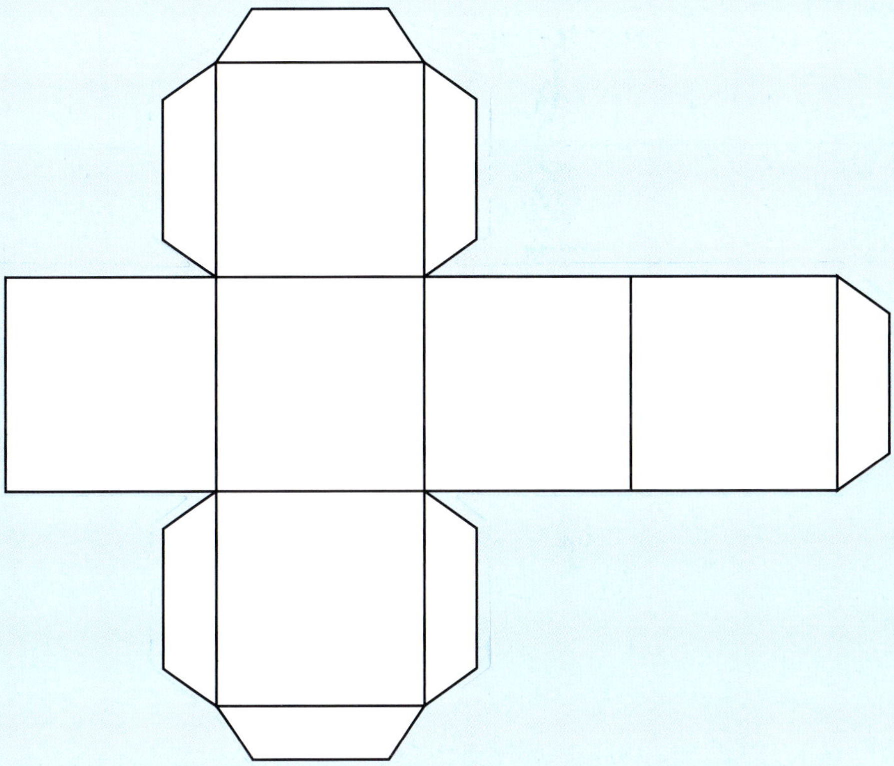

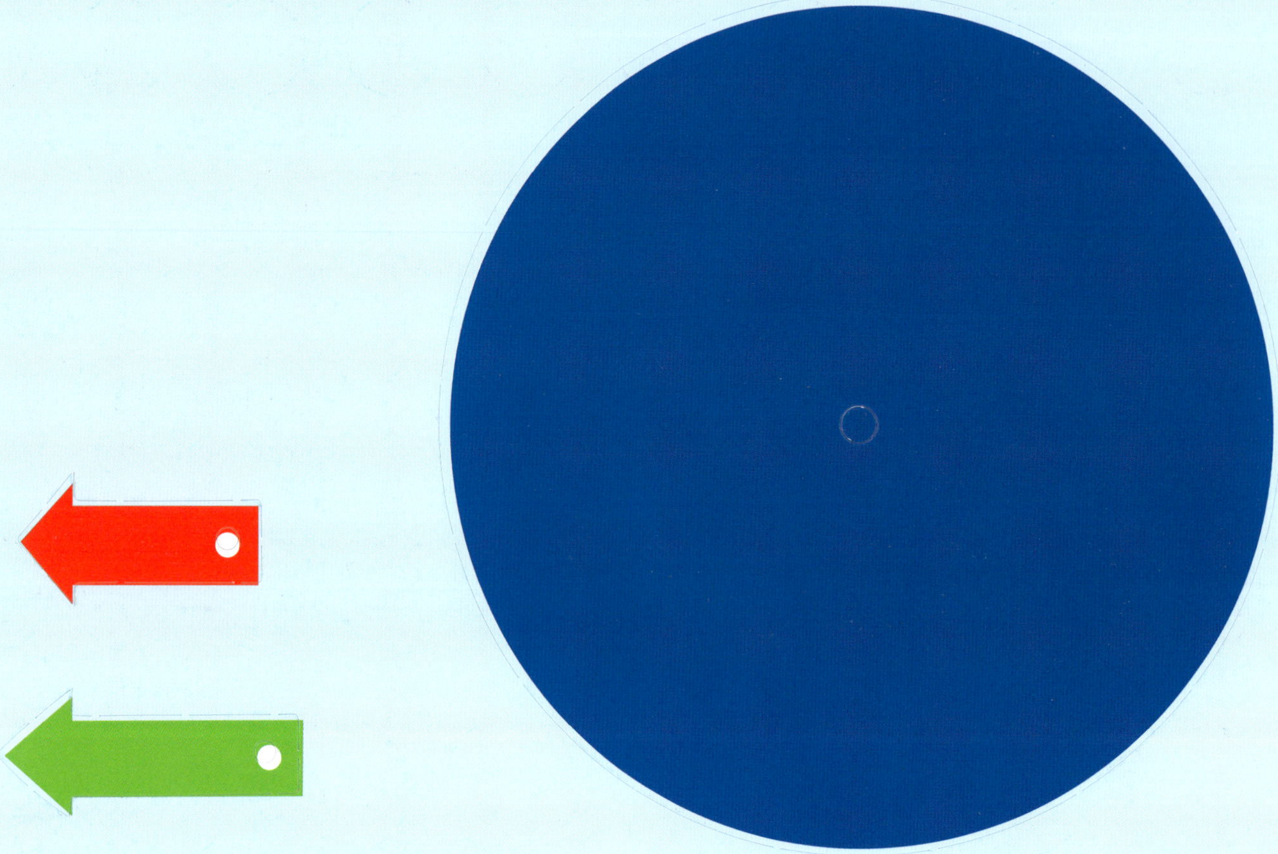

La monnaie (1)

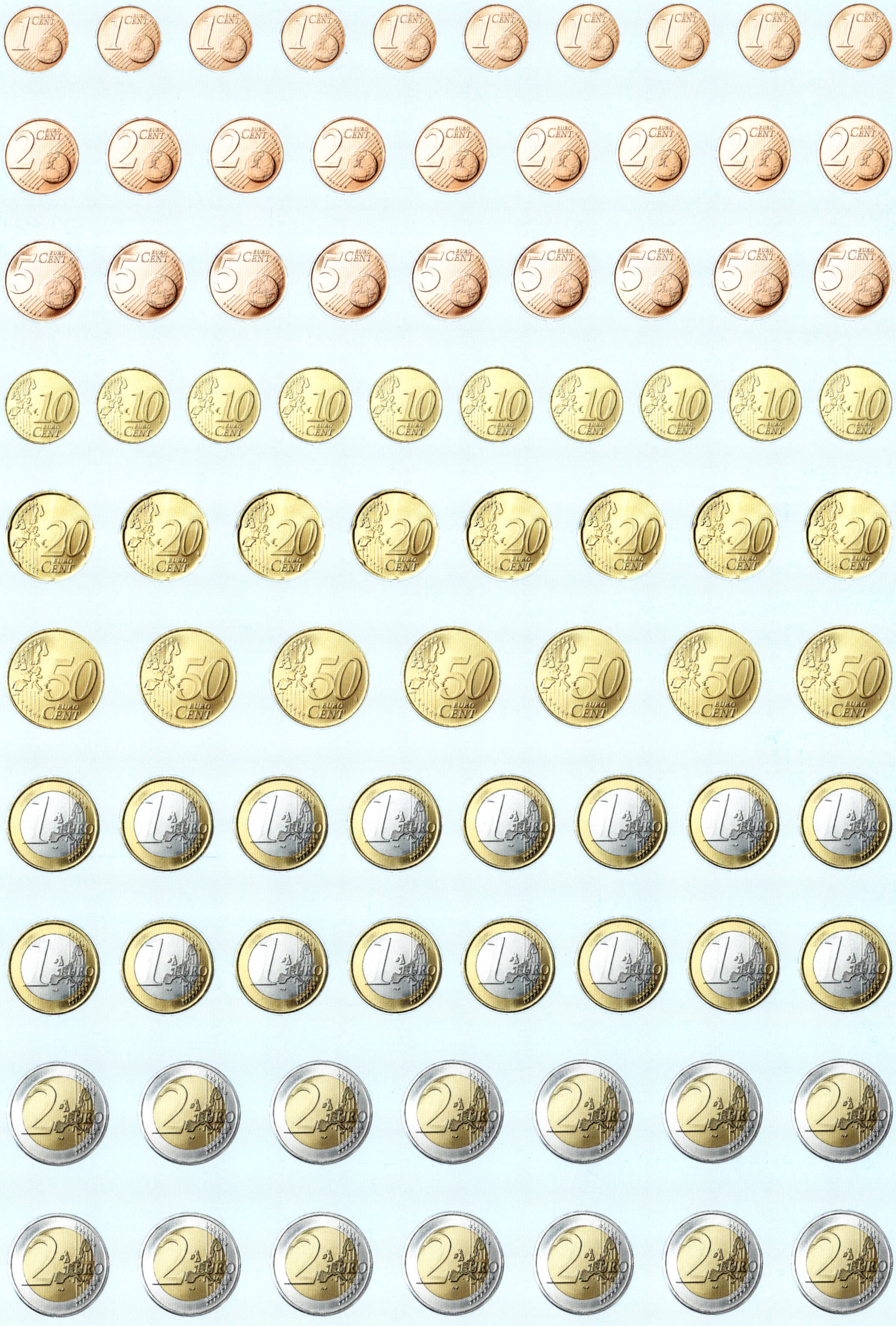

La monnaie (2)

5 EURO
5 EURO
5 EURO
10 EURO
10 EURO
10 EURO
10 EURO
10 EURO
10 EURO
10 EURO
10 EURO
10 EURO
10 EURO
20 EURO
20 EURO
20 EURO
50 EURO
50 EURO
100 EURO
100 EURO
100 EURO
200 EURO
200 EURO

5
Z10708476264
Z10708476264
5 EURO ΕΥΡΩ
EURO 5
5
Z10708476264
Z10708476264
5 EURO ΕΥΡΩ
EURO 5
5
Z10708476264
Z10708476264
5 EURO ΕΥΡΩ
EURO 5
10
S00212913862
S00212913862
10 EURO ΕΥΡΩ
EURO 10
10
S00212913862
S00212913862
10 EURO ΕΥΡΩ
EURO 10
10
S00212913862
S00212913862
10 EURO ΕΥΡΩ
EURO 10
10
S00212913862
S00212913862
10 EURO ΕΥΡΩ
EURO 10
10
S00212913862
S00212913862
10 EURO ΕΥΡΩ
EURO 10
10
S00212913862
S00212913862
10 EURO ΕΥΡΩ
EURO 10
10
S00212913862
S00212913862
10 EURO ΕΥΡΩ
EURO 10
10
S00212913862
S00212913862
10 EURO ΕΥΡΩ
EURO 10
10
S00212913862
S00212913862
10 EURO ΕΥΡΩ
EURO 10
20
Y00309901015
Y00309901015
20 EURO ΕΥΡΩ
EURO 20
20
Y00309901015
Y00309901015
20 EURO ΕΥΡΩ
EURO 20
10
S00212913862
S00212913862
10 EURO ΕΥΡΩ
EURO 10
50
V02387040034
V02387040034
50 EURO ΕΥΡΩ
50
50
V02387040034
V02387040034
50 EURO ΕΥΡΩ
50
20
Y00309901015
Y00309901015
20 EURO ΕΥΡΩ
EURO 20
100
L00105481787
L00105481787
100 EURO ΕΥΡΩ
100
100
L00105481787
L00105481787
100 EURO ΕΥΡΩ
100
100
L00105481787
L00105481787
100 EURO ΕΥΡΩ
100
200
P00641307178
P00641307178
200 EURO ΕΥΡΩ
200
200
P00641307178
P00641307178
200 EURO ΕΥΡΩ
200